ANSWER KEY

TO

الكتاب في تعلّم العربية

الجزء الثاني

الطبعة الثانية
مع أقراص DVD

Al-Kitaab
fii Ta^{c}allum al-^{c}Arabiyya
with DVDs

A Textbook for Arabic

Part Two
Second Edition

كرستن بروستاد　　عباس التونسي　　محمود البطل

Kristen Brustad　　Abbas Al-Tonsi　　Mahmoud Al-Batal

❁ الدرس الأول ❁

تذكّروا وتعلّموا:

آخِر ← ج. أواخِر

* عندي مقابلات لعدد من الوظائف في أواخر هذا الشهر.

أوّل ← ج. أوائِل

* لا أعرف الكثير عن صفي في علم الإنسان فما زلت في أوائل الفصل الدراسي.

بَلَد ج. بِلاد / بُلدان ← بَلْدة ج. ات

* اسم البلدة التي ولد فيها الكاتب اللبناني جبران خليل جبران هو بشرّي.

ترجمة ، مُترجِم ← تَرْجَمَ ، يُتَرجِم ، التَّرجَمة (إلى)

* أدرس اللغة العربية والأدب المقارن وأتمنّى أن أترجم أعمالاً من الأدب العربي الى الانكليزية في المستقبل.

← تُرْجِمَ / تُرجِمَت (إلى)

* تُرجمت بعض أعمال الأديبة السورية غادة السمان الى اللغتين الفرنسية والاسبانية.

حَفِظَ ، يَحفَظ ، الحِفظ

* هل بدأت المكتبات العربية تحفظ الجرائد والمجلات القديمة إليكترونياً؟

في الحقيقة ؛ حقيقيّ ← حَقيقة ج. حَقائق

* لا أحد يعرف حقيقة ما حدث بينهما – كل ما نعرفه أن علاقتهما انتهت.

خَليفة ج. خُلَفاء ← الخِلافة

* يختلف المسلمون على الخلافة في الإسلام اليوم ويقول هذا الكتاب إن معظمهم يرفضون هذه الفكرة ويقولون إن الخلافة ليست مناسبة للحكم الآن.

مَشهور ج. ـون ← اِشْتَهَرَ بـ ، يَشتَهِر بـ

* ولد صديقي في مدينة صور في جنوب لبنان وهي مدينة تشتهر بالسمك.

صاحِب ج. أصحاب ← صاحب البيت ؛ صاحب شركة ؛ صاحب الرأي

* بيني وبين صاحبة الشقة مشكلة كبيرة بسبب زياراتها الكثيرة الى الشقة في غيابي.

طويل ؛ أطوَل ← طول

* فيلم "لورنس العرب" طويل جداً ولا أعرف أيّ فيلم آخر يصل طوله الى أربع ساعات!

اِعتبَر ، يَعتبِر ، الاعتِبار ← يُعتَبَر / تُعتَبَر

* تعتبر ميدلبري بلدةً صغيرة ولكنها تشتهر بكليتها التي تدرّس اللغات الأجنبية.

عَلِمَ ، يعلَم ، العِلم ← العِلم ج. العُلوم

* في معظم الجامعات العربية نجد كلية للعلوم الإنسانية كالأدب وعلم النفس وكلية أخرى للعلوم كالفيزياءوالكيمياء.

← عالِم ج. عُلَماء

* طوال التاريخ الإسلامي كان لعلماء الدين علاقة بالسياسة ولكن بأشكال مختلفة.

← مَعلومات

* المعلومات التي تجدونها في الكمبيوتر ليست دائماً صحيحة!

قَصَدَ ، يقصِد ، القَصد

* عندما جاء محمد الى أمريكا كان يقصد الدراسة ثم العودة الى مصر ولكنه غيّر رأيه واستقرّ فيها.

انقطَع ، يَنقطِع ← قَطَعَ ، يَقطَع ، القَطع

* ليس من السهل قطع العلاقات الديبلوماسية بين بلدين.

قام ، يقوم ، القِيام ← قامَ بـ ، يَقوم بـ ، القِيام بـ

* أردت أن أقوم بكتابة الواجب قبل النوم ولكني كنت تعبان جدا ولم أستطع.

انتقَل، يَنتقِل، الانتقال ← تَنَقّلَ ، يَتَنَقّل ، التَّنَقُّل

* لا يمكن أن تقضي حياتك هكذا تتنقّل من وظيفة الى اخرى ومن تجربة عاطفية الى اخرى - يجب أن تفكّر في الاستقرار.

مُهِمّ ؛ أهَمّ ← اهتَمَّ بـ ، يَهتَمّ بـ ، الاهتِمام بـ

* من المهم أن تهتمّ بعملك أكثر إذا أردت أن تبقى في هذه الوظيفة.

(سنة) هِجرية؛ ميلادية ← هـ. ؛ م.

* يعتبر يوم ١ في شهر محرّم رأس السنة الهجرية. ويعتبر يوم ١ يناير/كانون الثاني رأس السنة الميلادية.

صِفة ج. -ات ← وَصَفَ ، يَصِف ، الوَصف

* لا أعرف كيف أصف لكِ كل ما شاهدته في إجازتي في الهند!

← وَصْف ج. أوصاف

* في القصة وصف جميل لمدينة مرّاكش التي نشأت فيها الكاتبة.

من القاموس

أهْل ج. أهالٍ / أهالي

* سأقضي العطلة بين أهلي وأصدقائي .

* أحب هذه المدينة وأهلها !

بَلَغَ ، يبلُغ ، البُلوغ

* يبلغ عدد السُكّان في لبنان أكثر من ٣ ملايين نسمة .

* تركوا عمّان في الصباح وبلغوا دمشق في الساعة السادسة مساءً .

* بلغني خبر حصولي على المنحة عندما كنت في أوروبا .

حال ج. أحْوال

* عندما انتقلت الى سياتل طلب مني أبي وأمي أن أكتب لهما كل أسبوع عن أحوالي.

مُحيط ج. -ات

* قطعت في سفري ٣ محيطات: المحيط الأطلسيّ والمحيط الهادي والمحيط الهندي.

* نشأت الكاتبة السورية كوليت خوري وعاشت في محيط أدبي وثقافي.

خِلالَ

* قال ضابط البوليس إنهم سيستطيعون أن يصلوا الى الحقيقة خلال ساعات.

رِحلة ج. -ات / رَحَلات

* قامت صديقتي برحلات كثيرة الى افريقيا بسبب عملها.

رَحَلَ ، يَرحَل ، الرَّحيل

* يرغب بعض الشباب في أن يهاجروا ويرحلوا عن بلادهم لأنهم لا يجدون فرصاً للعمل فيها.

رَحّالة (مذكر ومؤنث) ج. رَحّالون

* يُعتبر ماركو بولو من أشهر الرحّالين الأوروبيين.

الزَّمَن / الزَّمان

* تُرجم كتاب ماركيز المشهور "الحب في زمن الكوليرا" الى اللغة العربية.

* جدي يقول دائما إنّ الحياة من زمان كانت أجمل من الحياة اليوم.

سَجَّلَ ، يُسَجِّل ، التَسجيل

* سجّلت بعض الموسيقى التي أحبها في الـ I-pod .

سوق ج. أَسْواق

* يعتبر العالم الاقتصادي آدم سميث صاحب فكرة "حرّية السوق"

مُسْتَشرِق ج. -ون

* إدوارد لين مستشرق بريطاني مشهور عاش سنوات طويلة في مصر وكتب كتاباً مهماً هو "أخلاق المصريين وعاداتهم" وهو كذلك صاحب أشهر ترجمة إنكليزية لكتاب ألف ليلة وليلة.

شَعْب ج. شُعوب

* ترغب الشعوب العربية – ككل الشعوب – في الديمقراطية وفي مستقبل اقتصادي أفضل.

طَبَعَ ، يَطبَع ، الطَبع

* رفضوا أن يطبعوا هذا الكتاب بسبب الآراء السياسية فيه.

طُبِعَ / طُبِعَت

* طبعت هذه القصص لأول مرة في لبنان ثم طبعت في مصر.

طَبْعة ج. -ات / طَبَعات

* هل هناك تغييرات كثيرة في الطبعة الجديدة للكتاب؟

عَصْر ج. عُصور

* يقولون إن هذا العصر هو عصر الانترنت!

العُصور الوُسْطى

* بدأت العلاقات التجارية بين أوروبا والعالم الاسلامي في العصور الوسطى.

عَظيم ج. عُظَماء / عِظام

* أظنّ أنّ المهاتما غاندي واحد من عظماء تاريخ العالم.

قَدَّمَ ، يُقَدِّم ، التَّقْديم (لِـ/إلى)

* أريد أن أقدّم هدية لزميلتنا التي ستتزوج قريباً ولكني لا أعرف ماذا أشتري لها.

* طلب المدير مني أن أقدّم أفكاري في الاجتماع غداً.

قَرْن ج. قُرون

* تعتبر دراسة الجندر تخصصاً جديداً فقد بدأ في أواخر القرن الماضي.

قافِلة ج. قَوافِل

* كانت التجارة بين المحيط الهندي والبحر الابيض المتوسط تتمّ في قوافل تسافر بين اليمن ودمشق.

اسْتَكشَفَ ، يَسْتَكشِف ، الاِسْتِكشاف

* من هواياتي الجديدة استكشاف الوب باللغة العربية.

كامِل

* سنسافر في إجازتنا الى جزيرة جربا في تونس حيث سنقضي أسبوعين كامليْن

امْتَدَّ ، يَمْتَدّ ، الامتِداد (إلى)

* كان الاجتماع طويلا جداً فامتدّ ساعتين ونصف .

* تقع الصَحراء الكُبرى في شمال أفريقيا وهي تمتدّ من مصر إلى المغرب .

نَشَرَ ، يَنشُر ، النَّشر

* أرغب في أن أنشر المقالة التي كتبتها عن الإصلاح الاقتصادي في العالم العربي.

نُشِرَ / نُشِرَت

* هل تعرفون متى نُشر الكتاب لأول مرة؟

نَظَرَ إلى ، يَنظُر إلى ، النَّظَر إلى

* أحب أن أجلس في البلكون في شقتي وأنظر الى الأطفال يلعبون في الحديقة العامة أمام بنايتِنا.

مَنْظَر ج. مَناظِر

* قررت أن أستأجر هذه الشقة بسبب المنظر الجميل من شباك غرفة النوم.

تُراث

* بدأت بعض الشركات الجديدة تحفظ التراث الأدبي العربي على "سي ديهات" يمكن للناس أن يشتروها.

وَقَعَ ، يَقَع ، الوُقوع

* وقع الكتاب من يدي .

* وقع الحادث قريباً من بيتي.

* تقع مدينة تونس في شمال شرق تونس .

تمرين ٢ **اختاروا الكلمة المناسبة**

١- ب. يمتدّ

٢- أ. السوق

٣- أ. عصر

٤- جـ. تقطع

٥- د. وصف

٦- ب. طبعة

٧- د. تهتمّ

٨- جـ. العظيمة

٩- ب. المنظر

١٠- أ. المعلومات

١١- جـ. قدّمت

١٢- أ. صاحب

١٣- د. المستشرق

١٤- ب.الزمان

١٥- د. نظرت

تمرين ٤ **المفردات الجديدة وأوزان الفعل**

١- انقَطَعَتْ

٢- تَقطَع

٣- تَهَمُّك

٤- يَهتَمّ / اِهتَمّ

٧- تُرجِمَت

٨- طُبِعَ

٩- نُشِرَت

تمرين ٥ **نشاط استماع: اليمن**

تقع الجمهورية العربية اليمنية في جنوب غرب الجزيرة العربية ويحُدُّها من الغرب البحر الأحمر ومن الشمال والشرق المملكة العربية السعودية ومن الجنوب خليج عدن والمحيط الهندي. عاصمتها صنعاء ومن اهم مدنها تعز والحديدة وعدن. ويبلغ عدد سكانِها حوالي سبعة ملايين نسمة.

تعتبر اليمن من البلاد العربية ذاتِ التاريخ الطويل قبل الاسلام ، فقد اشتهرت في عصر المملكة السبئية في القرن الثاني قبل الميلاد وكانت لها ملكة مشهورة في التاريخ اسمها بلقيس جاء ذكرُها في القرآن. وقبل الاسلام كانت هناك علاقات تجارية بين قبيلة قريش في مكة وبين القبائل اليمنية وكانت القوافل تسافر من مكة الى اليمن خلال فصل الشتاء كما جاء في القرآن.

وقد قام ابن بطوطة خِلالَ رَحَلاتِهِ بزيارة اليمن وهو يصف لنا في كتابه اهلَ اليمن وسلاطينَها وبيوتها واسواقَها.

تمرين ٦ **المغرب**

المغرب بلد عربي كبير يقع في شمال افريقيا بين البحر الأبيض المتوسط والمحيط الأطلسي. ويبلغ عدد سكانه حوالي ٣٣ مليون نسمة، وعاصمة المغرب هي مدينة الرباط، ومن مدنه المشهورة الدار البيضاء ومراكش وفاس التي تشتهر بـأسواقِـها القديمة التي يقصدها الكثير من الزُوّار والسُيّاح لشراء الهدايا وكل ما يحتاجون اليه.

دخل الاسلام المغرب في القرن السابع الميلادي في عصر الخليفة الأموي عبد الملك ابن مروان . ومن المغرب قطع المسلمون البحر الى اسبانيا حيث أقاموا دولة اسلامية في الأندلس. وفي المغرب قضى المفكر الكبير ابن خلدون، الذي يُعتبر واحدا من أعظم أهل الفكر في التراث الاسلامي، جزءا من حياته .

تمرين ١٣ **نشاط استماع: "ابن بطوطة ورحلاته" من تليفزيون الشارقة**

٤ـ السلطان: «أنت رجل تحب الرحلات ومعرفة الناس، وسأتيح لك فرصة تبلغ بها من الأرض ما لم يبلغه أحد من قبلك. أريدك أن تتجهّز للسفر الى بلاد السودان».

ابن بطوطة: «بلاد السودان كبيرة يا مولايَ تمتدّ من ساحل الصومال شرقاً حتى ساحل المحيط هناك في المغرب. فأيّ أرض من السودان تعني يا مولايَ؟»

السلطان: «ما يهمني هو مملكة مالي بلاد الذهب والمِلح!»

تمرين ١٤ **زمن الفعل**

في الصيف الماضي كنتُ أشعر بتعب شديد بعد شهور طويلة من العمل في البنك، فقرّرنا أنا وزوجتي والأولاد أن نذهب ونقضي اجازتنا في اللاذقية، وهي مدينة صغيرة تقع على البحر وتشتهر بطقسها الجميل. سافرنا بالسيارة وقطعنا الرحلة بين دمشق واللاذقية في ٤ ساعات وبلغنا اللاذقية في السابعة مساء فذهبنا الى الفندق مباشرةً لأننا كنّا تعبانين جدا ونمنا.

كانت العطلة جميلة جدا، فكنّا نصحو كل يوم متأخرين ونأكل الفطور معا ثم ننزل الى البحر ونسبح ونجلس في الشمس ونقرأ . وبعد الفطور كنّا نرجع الى الفندق لنتناول الغداء وننام قليلا ثم نرجع الى البحر ونبقى هناك لنشاهد منظر الشمس الجميل وقت الغروب. يا الله، ما أحلى ذلك المنظر!!

تمرين ١٧ فعل "أحب"

الوزن: أفعَلَ

الماضي
أَحَبَّ
أحَبّا
أَحَبّوا
أَحَبَّت
أَحَبَّتا
أحبَبنَ
أَحبَبتَ
أَحببتُما
أَحببتُم
أَحبَبتِ
أَحببتُما
أَحببتُنَّ
أَحبَبتُ
أَحبَبنا

المرفوع	المنصوب والمجزوم
يُحِبُّ	يُحِبَّ
يُحِبّانِ	يُحِبّا
يُحِبّونَ	يُحِبّوا
تُحِبُّ	تُحِبَّ
تُحِبّانِ	تُحِبّا
يُحْبِبنَ	يُحبِبنَ
تُحِبُّ	تُحِبَّ
تُحِبّانِ	تُحِبّا
تُحِبّونَ	تُحِبّوا
تُحِبّينَ	تُحِبّي
تُحِبّانِ	تُحِبّا
تُحْبِبنَ	تُحبِبنَ
أُحِبُّ	أُحِبَّ
نُحِبُّ	نُحِبَّ

تمرين ١٨

١- أحبَبْتُه
٢- تَهتَمّ
٣- تَستَعدّي
٤- ستُعدّ / ين / ون
٥- أهتَمّ
٦- تهتَمُّ
٧- اهتَمّوا
٨- أمُرَّ
٩- استَعدَدْتِ
١٠- ظَنَنتُ
١١- ستَمُرّين
١٢- استَعدَدْتُم
١٣- يَحِبّوا

تمرين ٢٣ نشاط استماع: "مدينة غزة في التاريخ" للدكتور سالم عويس

جـ - ١- «مدينة غزة كما تعرفون تقع في الجزء الجنوبي من فلسطين، وهي مدينة ساحلية تقع على ساحل البحر الأبيض المتوسط ويعيش الآن في مدينة غزة حوالي مليون نسمة».

٢- «كثير من الزُوّار المسيحيين واليهود وبعد ذلك الزوار المسلمين أو الحُجّاج المسلمين كانوا يمرّون في غزة لأن غزة كما قلت كانت منطقة عُبور للقوافل وللجيوش وأيضاً منطقة عبور للزوار».

العامية

"الحمد لله عـــلى السلامة!"

على باب بيت العائلة:

محمد: ازيك يا امي وازي صحتك؟؟!

الجدّة: ازيك انت يا حبيبي .. ألف حمد الله ع السلامة!

ملك : ازيك يا حاجة؟! ازي صحتك؟

الجدة: كويسة الحمد لله – وحشتوني يا ولاد!

مها: انتي اللي وحشتينا قوي!

الجدة: اتفضّلوا يا حبايبي – اتفضّلوا!

في الشقة:

محمود: دي اوضتك انت وملك .. خالد حينام مع اخواته.
واللي هناك دي اوضة مها.

الجدة: حتنام في اوضتي!

محمد: متشكر يا محمود .. تعبناكو معانا ..

محمود: ايه الكلام ده يا راجل! دا بيتك يا محمد!

محمد: بسّ الاولاد ..

خالد: احنا رتّبنا كل حاجة – مافيش مشكلة.
تصبحوا على خير.

أصوات: وانت من أهله.

محمد: تصبح على خير يا محمود.

محمود: وانت من أهله يا محمد.

❁ الدرس الثاني ❁

تذكروا وتعلموا

أكَلَ ، يأكُل ، الأكل ← مَأكولات

⋆ **خلال رحلتنا الى الهند استمتعنا بكثير من المأكولات اللذيذة التي تشتهر بها هذه البلد.**

اجتمَعَ مع / بـ ← جَمَعَ ، يَجمَع ، الجَمع

⋆ **أريد منكم أن تجمعوا معلومات أكثر عن هذا الموضوع قبل أن تكتبوا عنه.**

← تَجَمَّعَ ، يَتَجَمَّع ، التَّجَمُّع

⋆ **تجمّعت السيارات في وسط البلدة في قافلة طويلة.**

جَميعًا ← جَميع ، الجَميع

⋆ **الامم المتحدة تعمل على نشر السلام بين جميع شعوب العالم.**

تَحَدَّثَ عن / مع ← حَدَّثَ ، يُحَدِّث (عن)

⋆ **أريد أن أحدّثكم عن أخوالي وخالاتي، الذين هم أصحاب الفضل الأول في مساعدتي على بلوغ هذا النجاح.**

← حَديث ج. أحاديث

⋆ **خلال المقابلة، كان بيني وبينها حديث طويل امتدّ أكثر من ثلاث ساعات.**

حَضَرَ ، يحضُر ، الحُضور ← حَضَّرَ ، يُحَضِّر ، التَّحضير

⋆ **طلبت الأستاذة من طلابها اختيار بعض الجمل وتحضيرها للقراءة في الصف.**

اِختَلَفَ من / عن ← اِخْتَلَفَ على، يَختَلِف على، الاِختِلاف على

⋆ **كنّا صديقين وقتاً طويلاً ولكننا بدأنا نختلف على أشياء كثيرة ولذلك لم تبقَ صداقتنا كما كانت.**

تَذَكَّرَ ← ذِكْرى ج. ذِكرَيات

* سجّلت السيدة جيهان السادات ذكرياتها عن حياتها مع الرئيس المصري الراحل أنور السادات في كتاب "سيدة من مصر".

ما زالَ (ما زِلتُ) = لا يَزال ، ما يَزال

* اشتهرت مدينة مرّاكش في العصور الوسطى ولا تزال مشهورة حتّى الآن.

شَرِبَ ، يَشرَب ، الشُّرب ← مَشروب ج. -ات

* ما هي المشروبات التي سيقدّمونها قبل الأكل؟

← شَراب

* لم يعرفونا ولكنهم استقبلونا ورحّبوا بنا وقدّموا لنا الطعام والشراب.

اِشتَرَكَ في ← شارَكَ في، يُشارِك في، المُشارَكة في

* هل تحبّ أن تشاركني في تناول العشاء؟

الصَّلاة ← صَلَّى ، يُصَلّي ، الصَّلاة

* كل يوم أحد يذهب حنّا الى الكنيسة ليصلّي، وفي بقية الأيام يصلّي في البيت.

مَطبَخ ؛ طَبَخَ ، يطبُخ ، الطَبخ ← مَطْبوخ /ة

* عندما تسافرون الى تلك المنطقة سيكون من المهم أن تأكلوا المأكولات المطبوخة فقط.

طَلَبَ ، يطلُب ، الطَلَب ← مَطْلوب /ة

* من الخبرات المطلوبة لهذه الوظيفة العمل في برمجة الكمبيوتر وإعداد صفحات الـ"وب".

اِستَعَدَّ لِـ ← اِسْتِعداداً لِـ

* من الضروري أن أشتري بطاقة سفر وأجدّد جواز سفري استعداداً للسفر.

عِندَ

* هل تختلف الديموقراطية عند الامريكيين عن الديموقراطية في بلاد أخرى؟

اِعْتادَ ، يَعتاد (أنْ) ← عادة ج. -ات

* من العادات في عائلتنا أن نجتمع للغداء في بيت جدتي بعد الصلاة.

غَيَّرَ ؛ تَغَيَّرَ ← غَيْر

* معظم المعلومات التي قدّمها لنا هذا البرنامج غير صحيحة

← ... وغيرها / غيرهم / غير ذلك

* نحتاج الى بعض الفساتين والقمصان والبنطلونات وغير ذلك من الملابس.

فَطَر ، يفطُر ، الفُطور ← أَفْطَرَ ، يُفطِر ، الإفطار

* يصوم الناس في رمضان طوال النهار ويفطرون عند المغرب، اي وقت غروب الشمس.

أقام ، يُقيم ، الإقامة (في/مع) ← أقام احتفالاً / حفلة

* تقيم شركة سيارات هوندا اليابانية كل عام احتفالاً كبيراً لتقديم موديلاتها الجديدة الى الأسواق.

ليلة ج. لَيالي / لَيالٍ ← ليلة (العيد)

* في ليلة رأس السنة يتجمّع كثير من الناس في ساحة "تايمز سكوير" في نيويورك بانتظار منتصف الليل.

الماضي ← مَضى ، يَمْضي

* مرّت الأيام ومضت السنوات والشهور وابن بطوطة يرحل من بلد لأخر ويستكشف العالم.

← مَضى على

* مضى على نشر الطبعة الأولى من الكتاب أكثر من ١٠ سنوات وأصبح من الضروري تجديده ونشر طبعةٍ جديدة.

مِن

* من علماء العرب الذين اشتهروا في الغرب ابن خلدون وابن الهيثم وابن رشد.

نَظَر ، ينظُر ، النَظَر (إلى) ← اِنْتَظَر، يَنتَظِر، الاِنتَظار

* رحلت وتركتني، وما زلت أنتظر عودتَها ولكن لا أعرف إذا كنت أستطيع الانتظار أكثر.

اِنتقَلَ ؛ تَنقَّلَ ← نَقَلَ، يَنقُلُ، النَقل (إلى)

* سيكون من الصعب نقل كل الأشياء الى الشقة الجديدة بدون مساعدة.

يَجِب ← واجِب ج. -ات (على)

* من الواجب على الأولاد مساعدة أهلهم إذا احتاجوا الى ذلك.

← وَجْبة ج. وَجَبات

* يقدّم هذا المطعم وجبات كاملة بالإضافة الى الساندوتشات.

من القاموس

أَرْض ج. أراضٍ / الأراضي

* تملك عائلته كثيراً من الأراضي التي تمتدّ الى الشرق من بيروت.

أساسيّ

* تُعتبر قراءة كتب المستشرقين الأوروبيين شيئًا أساسياً بالنسبة لكل متخصص في دراسات الشرق الأوسط

تَبِعَ ، يَتْبَع

* كان جدّي أول من هاجر الى أوستراليا من إخوته ثم تبعوه جميعاً.

اِحْتَفَلَ بِـ ، يَحتَفِل بـ ، الاِحتِفال بـ

* في يوم ١ يوليو من كل عام يحتفل شعب كندا بالعيد الوطني للبلاد.

حَفلة ج. حَفَلات

* من اللازم أن نقوم بترتيب البيت استعداداً لحفلة زواج أختي.

حفلة موسيقيّة

* ستشارك ابنتي في الحفلة الموسيقية التي تقيمها مدرستها في آخر العام الدراسي.

حُلو/ة

* أحبّ القهوة الحلوة أو قهوة "سكر زيادة" كما يقولون بالعامية.

حَلَوِيّات

* بعد الوجبة قدموا لنا الفواكه والحلويات.

حينَ

* ماذا تفعلون حين تشعرون بالوحدة وأنتم بعيدون عن الأهل والأصدقاء؟

حَيّ ج. أحْياء

٭ يصف الكاتب المصري نجيب محفوظ الأحياء القديمة التي نشأ وعاش فيها في مدينة القاهرة.

خَفيف

٭ خلال هذه الرحلة ستحتاجون الى بعض الملابس الخفيفة فقط.

دُكّان ج. دَكاكين

٭ أحب زيارة سوق مدينة فاس القديمة والتنقّل بين دكاكينها الصغيرة.

زَيَّنَ ، يُزَيِّن ، التَزْيين

٭ سنقوم بتزيين السيارة التي سيسافران بها احتفالاً بزواجهما.

ساحة ج. ‑ات

٭ في أيام طفولتي كان أمام بيتنا ساحة يتجمّع فيها أهل البلدة للاحتفالات ويلعب فيها الأولاد.

الشّام

٭ يعرف سكان مدينة دمشق بـ"أهل الشام".

بِلاد الشّام

٭ حكم المماليك بلاد الشام في العصور الوسطى.

صَنَعَ ، يَصْنَع ، الصُّنع

٭ يتمّ صنع معظم الكمبيوترات الآن في آسيا.

الصِّناعة

٭ تشتهر مدينة ديترويت بصناعة السيارات.

ضَرَبَ ، يَضرِب ، الضَّرْب

٭ تأخرت بسبب حادث صغير. فكانت هناك سيارة ضربت سيارتي-- ولكن الحمد لله كانت ضربة خفيفة!

ضَيف ج. ضُيوف

٭ الترحيب بالضيف يُعتبر من أهمّ العادات في الثقافة العربية.

اِستَضافَ ، يَستَضيف ، الاِستِضافة

٭ تستضيف "أوبرا وينفري" في برنامجِها شخصياتٍ سينمائية وفكرية مهمة.

طَبْلة ج. ‑ات

٭ كان أخي الصغير يحب أن يلعب بطبلته الصغيرة يضرب عليها ساعات طويلة.

طَريق ج. طُرُق / طُرُقات

٭ وجدنا ازدحاماً كبيراً في الطريق بسبب حادث وقع منذ نصف ساعة.

طَريقة ج. طُرُق

٭ أريد أن أدرس وأفهم طرق التدريس المختلفة لأني أرغب في أن أدرّس بأحسن طريقة.

عِبء ج. أعباء

٭ يظن بعض الأوروبيين أن المهاجرين الاجانب عبء كبير على اقتصاد أوروبا.

عيد ج. أعْياد

٭ يحتفل العرب في كل بلادهم بعدد من الأعياد الدينية والوطنية.

عيد ميلاد

٭ اليوم عيد ميلادك؟ كل سنة وأنت بخير!

عيد الميلاد

* **يحتفل بعض المسيحيين بعيد الميلاد في يوم ٦ يناير.**

عيد الفِصح

* **عيد الفصح موعده في أوائل الربيع.**

عيد الفِطر ، عيد الأضحى

* **عيد الفطر وعيد الأضحى هما العيدان الرئيسيان في الإسلام.**

غَنِيّ ج. أَغْنِياء

* **نشأت صديقتي في عائلة غنية قدّمت لها الكثير من الفرص للسفر والدراسة والنجاح والاستمتاع بالحياة.**

فَقير ج. فُقَراء

* **هناك عدد من المنح التي تساعد الطلاب الفقراء على الالتحاق بالجامعة.**

فَنّ ج. فُنون

* **لم أهتمّ كثيراً بالفنون عندما كنت صغيراً ولكن الآن أهتمّ بدراسة تاريخ الفنّ.**

تَفَنَّنَ في ، يَتَفَنَّن في ، التَّفَنُّن في

* **تتفنّن مارثا ستيوارت في ترتيب البيت و تزيينه للحفلات.**

مال ج. أَمْوال

* **إذا كنت تريدين أن تجمعي الكثير من المال فمن الأفضل أن تتخصصي في إدارة الإعمال.**

نادى ، يُنادي ، المُناداة / النِداء (على)

* **ناديتك عدة مرّات ولكن يبدو أنك لم تسمعيني!**

نَوْع (من) ج. أَنْواع

* **ستجدون في الأسواق العربية أنواعاً كثيرة من المأكولات الرخيصة والطيبة.**

مُتَنَوِّع

* **في هذا الفصل الدراسي سنقرأ موضوعات متنوعة منها الأدب والتاريخ والعلوم السياسية.**

وَضَعَ ، يَضَع ، الوَضْع

* **من فضلكم! أريدكم أن تضعوا كتبكم تحت الطاولة خلال الامتحان.**

تمرين ٢ «فَعَّلَ» و«تَفَعَّلَ»

تَزَيَّنَ ، يَتَزَيَّن ، التَّزَيُّن	خَفَّفَ ، يُخَفِّف، تَخفيف عبء	مَوَّلَ ، يُمَوِّل ، التَّمويل
١- حَدَّثَنا	٣- يُزَيِّن	٥- نُجَمِّع
٢- تَحَدَّثَت	٤- تَزَيَّنَت	٦- تَجَمَّعَ

تمرين ٣ فَعَلَ وافتَعَلَ

١- انتقلا	٣- ينتظرون	٥- أجمَع
٢- تَنقُل	٤- أنظر	٦- أجتمع

تمرين ٦ الكلمات الجديدة

١. المأكولات
٢. عيد الميلاد
٣. الفنون
٤. الطريق
٥. حين
٦. ضرب
٧. عادات
٨. أنتظر
٩. خفيفة
١٠. وضعتُه
١١. المال
١٢. تشاركوني
١٣. مضى
١٤. نوع
١٥. الفقراء
١٦. أساسي
١٧. حدّثتني
١٨. تحضيرها / صنعها
١٩. الأعياد
٢٠. يتجمّعون
٢١. صناعة
٢٢. نقله
٢٣. الغنية
٢٤. الطبلة
٢٥. الضيوف
٢٦. يزيّن
٢٧. نختلف
٢٨. الدكّان

تمرين ٩ نشاط استماع: عيد الفصح

في أوائل الربيع من كل عام يحتفل المسيحيون في العالم العربي بـعيد الفصح الذي يُعرف أيضا بـ«عيد القيامة» أو «العيد الكبير».

وعيد الفصح يمتدّ أياما متعددة تبدأ بـ «أربعاء الرماد» مرورا بـ« الجمعة العظيمة» أو « الجمعة الحزينة» و«سبت النور» وانتهاءً بـ « أحد الفصح».

وفي الجمعة العظيمة يذهب الناس إلى الكنيسة ليصلوا وبعد الصلاة ينطلقون من الكنيسة ويسيرون في الشوارع وهم يحملون الصليب ويتذكرون آلام السيد المسيح .

ويوم السبت تنشغل الأمهات بـصنع الكعك وسلق البيض وتحضير وجبة العيد يوم الأحد. ويقوم الأطفال بـتلوين البيض والاستعداد لـ «المفاقسة»، وهي لعبة يحمل فيها الولد بيضة ويضرب بها بيضة ولد آخر ويكسرُها .

أما يوم الأحد فـهو يوم الاحتفال الحقيقي بالعيد وبقيامة السيّد المسيح وفي صباح الأحد يذهب المسيحيون إلى الكنيسة للصلاة وهم يلبسون الملابس الجديدة ويلبس الأطفال الملابس البيضاء ، ويتبادل الناس عبارات التهنئة والزيارات مع أهلـهم وجيرانـهم .

تمرين ١٤ اسم الفاعل واسم المفعول

١. المُدَخِّنين
٢. المُسافِرين
٣. المُتَعَلِّمون
٤. مُصَوَّراً
٥. لابِساً / لابِسةً
٦. مَعروف ، مُشاهِد
٧. ذاهبون
٨. مُرَتَّباً
٩. المُتَجَمِّعين ، مُنتَظِرين
١٠. غاضِبة
١١. المُهاجرين
١٢. مُساعِداً
١٣. المُستَمِعون
١٤. مُزَيَّنة
١٥. المُشرِفة

تمرين ٢١ نشاط استماع: "رمضان في عُمان" من "مراسلو الجزيرة"

٤. «ويبدأ استعداد العمانيين لاستقبال رمضان في الأسبوع الأخير من شهر شعبان عندما يتّجهون الى الأسواق لشراء احتياجات شهر رمضان فيما تقوم النسوة بتحضير المطبخ»

العامية

"السحور يا ولاد!"

الجدة: يلاّ يا ولاد! السحور جاهز!
خالد: انتي بتصومي في امريكا يا مها؟
مها: بابا وماما بيصوموا، وانا–بصراحة بيني وبينك يعني مش دايماً – بس ماتقولش لحدّ.

خالد: هو الصيام صعب بالنسبة لك؟
مها: يعني هو صعب ، عشان مافيش جو رمضان زيّ هنا – وخصوصا في الجامعة.
خالد: آه.

على المائدة:

ملك: ايه ده كلّه يا حاجّة!
الجدة: ألف هنا وشفا!
محمود: هات طبقك يا محمد.
محمد: كفاية يا محمود! الأكل كده كثير!
الجدة: يا ابني كُل بألف هنا وشفا! ايه ده يا ملك؟! انتي ما بتاكليش ليه؟
ملك: كفاية كده الحمد لله.
الجدة: انتي ماكلتيش فول.

ملك: لا! مش قادرة.
الجدة: لا! لازم تدوقي الفول.
ملك: طيب، حاخد فول – بس شوية صغيّرة.
مها: كفاية يا خالد!
محمود: حطّ لها يا ابني معلقة كمان.
عادل: لازم تدوقي ده كمان يا مها.
مها: مرسي يا عادل.

✿ الدرس الثالث ✿

تذكّروا وتعلّموا :

أساسيّ ← أسَّسَ ، يُؤَسِّس، التَّأسيس

* **أسس رجل الأعمال النورويجي ألفريد نوبل جوائز نوبل للأدب والسلام والفيزياء والكيمياء والطبّ.**

← مُؤَسَّسة ج. -ات

* **تقوم مؤسسة الحريري في لبنان بتقديم منح للطلاب المتفوّقين لمساعدتهم على السفر والدراسة في الخارج.**

اسم ج. أسماء ← سَمَّى ، يُسَمّي ، التَّسمية (بـ)

* **عندما كنت صغيراً كانت أمي تسميني "ميمو" ولكني لم أكن أحب هذا الاسم ولذلك طلبت منها ألاّ تسميني به أمام أصدقائي.**

← يُسَمَّى / تُسَمّى (بـ)

* **هل تعرفون لماذا يُسمّى "البحر الأبيض المتوسط" بهذا الاسم؟**

بَدَأ، يبدَأ، البَدء ← بِداية ج. -ات

* **الآن، ونحن في بدايات القرن الحادي والعشرين، نسأل أنفسَنا: كيف سيختلف هذا القرن عن القرن العشرين؟**

جاءَ، يجيء، المَجيء ← جاءَ بـ ، يَجيء بـ ، المجيء بـ

* غداً أريدكم أن تجيئوا بالقاموس الى الصف لأننا سنعمل به.

* أنوي أن أجيء الى الحفلة. وسأجيء ببعض المشروبات غير الكحولية.

خَرَجَ ، يخرُج، الخُروج ← أخْرَجَ ، يُخرِج ، الإخراج

* هل تتذكّر اسم الفيلم الأخير الذي أخرجه كلينت إيستوود؟

دَرَجة ج. -ات ← الدَرَجة الثانية

* ليس من الضروري أن نقيم في فندق من الدرجة الاولى. هناك فنادق ممتازة من الدرجة الثانية يمكننا الإقامة في واحد منها.

سُلطان ← سُلْطة ج. سُلُطات

* الى متى ستبقى السلطة بيد مجموعة صغيرة من الناس؟ ومتى تستمتع الشعوب العربية بالديمقراطية الحقيقية؟

شَعب ج. شُعوب ← شَعْبيّ

* حيّ السيدة زينب من الأحياء الشعبية المشهورة في مدينة القاهرة.

صَحيفة ج. صُحُف ← الصِّحافة

* الشغل في الصِّحافة صعب جداً ومن الضروري أن تعملي سنوات طويلة حتّى تكوّني لنفسك اسماً فيها وتصبحي معروفة.

صورة ج. صُوَر ← بصورة

* هو يتفنّن في صنع الحلويات التي تخرج من مطبخه دائما بصورة جميلة

ضَروريّ ← أُضْطُرَّ إلى (أُضطُرِرتُ) ، يُضطَرّ الى، الاضطِرار الى

* سأُضطَرّ الى الانتقال الى شقة جديدة لأن صاحب البناية قرّر أن يقوم بتجديدها وتأجيرها لابن خاله.

طَبَعَ ، يَطبَع، الطَبع ← الطِّباعة

* توقّفت طباعة الكتب أسبوعين بسبب انقطاع ورق الطباعة عن السوق.

← مَطْبَعة ج. مَطابِع

* كانت المطبعة شيئاً مهماً جداً في تاريخ أوروبا والشرق الاوسط. فهي سمحت بنشر أفكار جديدة بشكل واسع وسريع وساعدت بذلك على التغييرات الكبيرة التي حدثت بعد القرون الوسطى.

← طَبيعيّ

* من الطبيعي أن تشعري بالتعب بعد إعداد كل هذه المأكولات للحفلة!

← طَبيعة

* هو إنسان خجول بطبيعته.

* تشتهر أستراليا بأراضيها الواسعة وطبيعتها المتنوعة الجميلة.

عَصر ج. عُصور ← عَصْريّ

* الناس اليوم يرغبون أن يعيشوا حياة عصرية في بيت عصري. فمن يريد أن يبقى في الماضي؟

قدَّمَ ، يُقدِّم ، التقديم (لـ) ← تَقَدَّمَ ، يتَقدَّم ، التَّقدُّم (في)

* **أحيانا لا أشعر أني أتقدّم في دراستي للغة العربية ولكن الاستاذة تقول إن هذا شعور عادي.**

مرّ ، يمُرّ ، المُرور ← اِسْتَمَرّ ، يَستَمِرّ ، الاِستمرار

* **استمرّ المسحرون ينادون على الأهالي بأسمائهم قروناً طويلة، ولكن هذه العادة انتهت في معظم المدن الآن.**

← اِسْتَمَرَّ في ، يَستَمِرّ في

* **تحدثت معها وقدّمت لها نصائح كثيرة ولكنها استمرّت في تصرّفاتها الطفولية.**

نَشأ ، يَنشأ، النَشأة/النشوء ← أنْشَأ ، يُنْشِئ ، الإنْشاء

* **أنشأ بيل غيتس صاحب شركة مايكروسوفت وزوجتُه مؤسسة خيرية تتولّى تقديم مساعدات للمؤسسات الاجتماعية والتعليمية.**

← أُنْشِئَ / أُنْشِئَت

* **أنشئت قناة الجزيرة التليفزيونية في قطر على يد الشيخ حَمَد بن خليفة آل ثاني ومجموعة من الصحافيين العرب.**

نَشرَ ، ينشُر ، النَّشر ← اِنْتَشَرَ، يَنتَشِر، الاِنتِشار

* **انتشر خبر وفاة الرئيس بسرعة في كل مناطق البلاد.**

نَظَرَ، ينظُر، النَظَر ← وِجْهة نَظَر ج. وجِهات نَظَر

* **أريد أن أدرس في العالم العربي حيث أتمنّى أن أتعرف على شباب عرب لنتبادل وجهات النظر مع بعضنا البعض.**

وَضَعَ ، يضَع ، الوَضع ← مُتَواضِع ج. -ون

* **نجح في حياته بشكل كبير ولكنه ما زال إنساناً متواضعاً يعيش في نفس البيت الذي عاش فيه معظم حياته ويجلس مع أصدقائه من أيام الشباب.**

ولاية؛ تَوَلّى، يَتَولّى، التَوَلّي ← والٍ / (الـ)والي ج. وُلاة

* **في زمن الخلافة العباسية كان في كل منطقة والٍ يعيّنه الخليفة. واستطاع بعضُ الوُلاة الحصول على سلطة واسعة من الخلفاء.**

من القاموس

أتى ، يَأتي ، الإتيان

* **إذا استطعت أن تأتي الى الحفلة غداً فسأكون سعيداً جداً.**

تالٍ / (الـ) تالي

* **سأتخرج في السنة القادمة إن شاء الله وبعد ذلك أنوي أن أدرس في القاهرة ثم أبدأ الدراسة للماجستير في السنة التالية.**

حكَم ، يحكُم ، الحُكم

* تولّى معمّر القذافي الحكم في ليبيا في عام ١٩٦٩ وهو يُعتبر واحداً من الرؤساء العرب الذين حكموا زمناً طويلاً.

حُكومة ج. -ات

* في الماضي كان الناس يتمنّون أن يعملوا للحكومة؛ أما الآن فإن الوظائف الحكومية ليست مرغوبة كثيراً بين الشباب.

احْتَلَّ ، يَحتَلّ ، الاحتِلال

* بدأ الاحتلال البريطاني لمصر في أواخر القرن التاسع عشر واستمرّ حتى تولّي جمال عبد الناصر الحكم عام ١٩٥٢.

خَدَمَ ، يَخدِم ، الخِدمة

* كان رأي إدوارد سعيد الله يرحمه أن بعض المستشرقين خدموا الامبريالية الغربية أكثر مما خدموا العلم.

اِستَخدَمَ ، يَستَخدِم ، الاِستِخدام

* يا طلاب، أريد أن تستخدموا أكبر عدد ممكن من الكلمات الجديدة في الكتابة.

دَولة ج. دُوَل

* معظم الدول العربية الغنية بالبترول تحتاج الى عمّال من الخارج بسبب قلة عدد سكانها.

دَوْليّ / دُوَليّ

* دراسة العلاقات الدولية مهمة لأي شخص مهتمّ بالعمل الديبلوماسي.

رَسميّ

* سيقيم قسمنا حفلة رسمية للاحتفال بالذكرى الخامسة والعشرين لتأسيسه.

رَكَّزَ على ، يُرَكِّز على ، التَّركيز على

* منذ علمت بوفاة صديقي أصبح من الصعب لي أن أركّز على أي شيء .

الزِراعة

* كانت الزراعة وما زالت أساسية جداً في اقتصاد معظم البلاد العربية وخاصة في شمال إفريقيا وبلاد الشام.

سابِق

* تمّ تأسيس مكتبة كبيرة في ولاية أركنسا سُمّيت باسم الرئيس الأمريكي السابق ويليم جفرسون كلينتون.

أَسْبَق من

* كانت السعودية أسبق من لبنان وسوريا وإيران في الاحتفال بعيد الفطر هذه السنة.

مَشْروع ج. - ات / مَشاريع

* كنت أفكّر بالقيام بمشروع تجاري في السوق الجديد ولكني غيّرت رأيي.

صَدَرَ ، يَصدُر ، الصُّدور

* من المجلات العربية المشهورة مجلة "الوطن العربي" التي تصدرأسبوعياً في لبنان.

طَوَّرَ ، يُطَوِّر ، التَّطوير

* قررت الحكومة تطوير الاقتصاد عن طريق تشجيع المشروعات الصناعية والزراعية الجديدة.

تَطَوَّرَ ، يَتَطَوَّر ، التَطَوُّر

* تطوّر اقتصاد اليابان بسرعة بعد الحرب العالمية الثانية بفضل المساعدات الامريكية.

ظَهَرَ ، يَظهَر ، الظُّهور (أنَّ)

* أمس كان يوماً غائما وممطراً ولم تظهر الشمس فيه .

مَظهَر ج. مَظاهِر

* هم من النوع الذي يهتمّ كثيراً بالمال والمظاهر وليس بالأخلاق والأفكار.

عَبَّرَ عن ، يُعَبِّر عن ، التَّعبير عن

* كتبت لها رسالة لأعبّر لها عن رأيي بعد أن علمت بقرارها بالهجرة.

عبارة ج. -ات / تعبير ج. -ات

* "معليهش" من العبارات التي نسمعها كثيراً في العالم العربي.

عَسْكَريّ

* في الولايات المتحدة عددٌ من الكليات العسكرية أشهرُها "ويست بوينت".

عَسكَريّ ج. عَساكِر

* يخدم العساكر في مصر وسوريا من سنة ونصف الى ثلاث سنوات في معظم الحالات.

غَلَبَ ، يغلِب ، الغَلب

* أحب أن أشاهد مباريات كرة القدم ولا أهتمّ عادةً بمن يغلِب. فالمهم عندي هو اللعب نفسُه.

غالِب

* تُسمّى مراكش بـ"المدينة الحمراء" بسبب اللون الاحمر الغالب على بيوتها وبناياتها.

لمّا

* لما عادوا الى بلادهم بعد غياب طويل وجدوا أن الحياة فيها قد تغيّرت بشكل كبير.

نِظام ج. أنظِمة / نُظُم

* معظم أنظمة الحكم في العالم العربي غير ديمقراطية.

انْتِظام

* نصيحتي لكم هي أن تقوموا بتمرينات رياضية بانتظام.

هَدَفَ ، يَهدُف لِـ / إلى

* أهدُف الى الانتهاء من رسالة الماجستير بعد شهر إن شاء الله.

* تقول الحكومة إنها تهدُف الى إنشاء بيوت جديدة للفقراء.

هَدَف ج. أهداف

* من أهم أهدافي في هذا الفصل أن أفهم أوزان الفعل بصورة أحسن.

هٰكَذا

* كيف تستطيعون أن تقرأوا هكذا، أمام التليفزيون، والموسيقى عالية؟!!

وهكذا (فَـ)

* كان نيل ارمسترونغ أول إنسان يمشي على القمر، وهكذا ، فقد اشتهر اسمُه ودخل التاريخ.

تمرين ٤ **أوزان الفعل**

١. طَوَّرَ
٢. تَتَطَوَّر
٣. تَأَسَّسَ
٤. ستُؤَسِّس
٥. أُقَدِّم
٦. تَقَدَّمتُ

تمرين ٧ **جاء بـ وأفعال اخرى + بـ**

١. تجيء بابنها
٢. ذهبت بها
٣. تقدّمت بطلب
٤. عُدت بدولارين
٥. جاء بكل ، يعود بهم
٦. تجيء بأختك

تمرين ٨ **المفردات الجديدة**

١. انتشرت
٢. يُسمّي
٣. أركّز
٤. الحكومة
٥. ظهر
٦. المطبعة
٧. السابقين
٨. الطبيعية
٩. يأتي
١٠. التالي
١١. زراعة
١٢. عسكرية
١٣. يغلبني
١٤. المشروع
١٥. أعبّر
١٦. رسمية
١٧. تصدُر
١٨. نظام

تمرين ٩ **اسم الفاعل والمصدر**

١. أ. انتشار
ب. مُنتشِر
٢. أ. مُؤَسِّسي
ب. تَأسيس
٣. أ. المُتَقَدِّم
ب. تَقَدُّم
٤. أ. مُنشِئ
ب. إنشاء
٥. أ. الاحتلال
ب. المُحتَلّة
٦. أ. مُخرِج
ب. إخراج
٧. أ. مُستَخدَمة
ب. استخدام
٨. أ. مُعبِّرة
ب. للتعبير
٩. أ. التركيز
ب. مُرَكِّزين

تمرين ١٠ **العبارات الجديدة**

١. مع أن /على الرغم أنّ – فإنه / فهو
٢. من حيث
٣. مع ذلك فإن / فـ
٤. في حين
٥. فوق هذا/ذلك
٦. على الرغم من – فإنّ / فـ

تمرين ١٢ **نشاط استماع: قناة الجزيرة : "الرأي .. والرأي الآخر"**

أنشئت قناة الجزيرة في دولة قطر في شهر نوفمبر عام ١٩٩٦، وكان الشيخ حمد بن خليفة آل ثاني حاكم دولة قطر صاحب الفضل الأول في تأسيسها وتقديم المساعدات المالية لها. وعلى الرغم من هذه العلاقة بحاكم قطر فإنّ الجزيرة تعتبر نفسها مؤسسة غير حكومية ولا تهدف الى التعبير عن وجهة النظر القطرية الرسمية.

تقع مكاتب الجزيرة في مدينة الدوحة في قطر، والزائر اليها يجد أنّ بناياتِها ومكاتبَها متواضعة جداً مقارنةً بالقنوات العالمية الكبرى كالـ «بي بي سي» أو «سي ان ان» أو بقناة التليفزيون القطري الرسمية؛ ومع ذلك فقد نجحت الجزيرة بصورة كبيرة واستطاعت، منذ تأسيسها، أن تحتلّ مكاناً مهماً بين قنوات الأخبار العالمية وتصبح أكبر قناة فضائية إخبارية عربية من حيث الانتشار وعدد المشاهدين.

تتخصص قناة الجزيرة في الأخبار وهي تقدّم الأخبار كل ساعة أربع وعشرين ساعة كل يوم مركّزة على آخر التطوّرات العربية والعالمية. كما أنها تهتمّ بمواضيع متنوعة كالاقتصاد والثقافة والرياضة والصحة وتركّز بصورة خاصة على مواضيع الديمقراطية والحريات وحقوق الإنسان في العالم العربي. ويأتي صحافيو الجزيرة وموظفوها والعاملون فيها من كل البلدان العربية، ولها مكاتب في ٣٠ عاصمة عربية وعالمية.

ساعدت قناة الجزيرة على إدخال مظاهر جديدة للديمقراطية الى العالم العربي من خلال برامج تقدّم وجهات نظر متنوعة ومختلفة وتسمح للناس بالمشاركة في المناقشة بالتليفون أو الفاكس أو البريد الالكتروني والتعبير عن آرائهم بحرية – وهذا شيء مهم جداً لمعظم الشعوب العربية التي لم تكن لها تجربة كبيرة في المشاركة السياسية.

وبالرغم من الشعبية الكبيرة لقناة الجزيرة بين الناس فإنّ حكومات السعودية والعراق والكويت والجزائر وتونس لا تسمح بدخول صحافيي الجزيرة الى بلادها لأنهم يعتبرون الجزيرة قناة غير موضوعية. ومع ذلك فإنّ صانعي القرار في هذه البلدان مضطرون الى متابعة ما تقوله الجزيرة وما تنشره من أخبار وآراء.

تمرين ١٣ المفردات الجديدة استقلال الدول العربية

في بداية/بدايات القرن العشرين لم يكن هناك دول عربيّة كما هي الحال اليوم، ولكن المنطقة العربية كانت جزءًا من الامبراطورية العثمانية ، وكان على رأس الحكومة في كل مدينة عربية كبيرة والٍ تركي تابع لإسطنبول. وكان كثيرون من العرب في ذلك الوقت يرغبون في الانفصال عن الدولة العثمانية وتأسيس/إنشاء دولة عربية كبيرة وقد عملوا وقتاً طويلاً بهدف إخراج الأتراك العثمانيين من المنطقة العربية.

ولمّا انتهت الحرب العالمية الأولى، احتلّ البريطانيون والفرنسيّون المنطقة العربية وأنشأوا/أسّسوا فيها عددًا من الدول الجديدة كالعراق والاردن ولبنان. وقالت بريطانيا وفرنسا إنّ الهدف من هذا الاحتلال هو مساعدة البلدان العربية على التطوّر والتقدّم. ولكن الهدف الحقيقي كان غير ذلك بالنسبة للعرب، فوجهة نظرهم كانت أنّ هدف الاحتلال الأول والأخير هو خدمة مَصالح فرنسا وبريطانيا. وبالرغم من أن هذا الاحتلال استمرّ زمنا غير قصير فإن البريطانيين والفرنسيين أُضطُرّوا أخيرا الى الخروج من البلدان العربية التي كانوا يحتلونها وحصلت هذه البلدان على حريتها واستقلالها.

تمرين ٢٢ كيف نقول بالعربية؟

١. زملاؤكم هؤلاء
٢. أنواع الحلويات العربية الكثيرة/الأنواع الكثيرة لـ ..
٣. المظاهر الجديدة لـ
٤. تعبير عن الوحدة
٥. ذكريات طفولتنا تلك
٦. صديق قديم لي
٧. تقدم طلاب السنة الأولى الممتاز/التقدم الممتاز لـ ..
٨. مركز للتعليم المستمرّ / لتعليم الكبار
٩. أنظمة الحكم الفاشلة
١٠. التراث الأدبي المشترك لشعوب الشرق الأوسط

تمرين ٢٣ المبني للمجهول

١. تُستَخدَم
٢. أُنشِئَت
٣. يُقال /قيلَ
٤. تُسَمّى
٥. يُعتَبَر
٦. أُسِّسَت
٧. يوجَد
٨. سأُضْطَرّ
٩. تُطبَع ، تُنشَر
١٠. تُعرَف
١١. تُصَوَّر
١٢. كُتِبَت ، تُرجِمَت

تمرين ٢٤ **المبني للمجهول**

١- لم يهمَّه إذا رآوه كل زملائه / أنّ كل زملائه رأوه.

٢- أنشئت هذه المؤسسة في أواخر القرن التاسع عشر.

٣- كل ساحات المدينة مزيَّنة/ زُيِّنت لعيد الميلاد.

٤- هل سُمّي/سَمَّوا رئيس الجامعة الجديد؟/هل تمّت تسمية الرئيس الجديد للجامعة؟

٥- انقطعت العلاقات الديبلوماسية/السياسية بين البلدين منذ عدة سنوات ولم تُستأنَف حتى الآن.

٦- (أصبحت) تُستخدم الآن تكنولوجيا عصرية جديدة لصنع هذا المشروب.

٧- نُشر هذا العام أكثر من ألف كتاب عن الشرق الأوسط.

٨- سيتمّ نقل مئتيْ موظّف الى مكان عمل جديد.

تمرين ٢٦ **نشاط استماع: "تاريخ الصحافة العربية في مصر" من التليفزيون المصري**

ب — ٢- أ - «و في عام ١٨١٩ أرسل نيقولا مسابكي الى إيطاليا لتعلّم فنّ الطباعة وإحضار مطبعة جديدة.»

ب - «فأصبحت تصدر بالعربية والتركية بعد أن كانت تصدر بالتركية فقط، وحوّلها الطهطاوي الى صحيفة رأي تنشر المقالات والحوادث اليومية وأشرك في تحريرها الشيخ محمد عبده.»

جـ - «إلاّ أن صحافة القاهرة لم تستمرّ في رحلتها بسبب هزيمة الثورة العُرابية وهجرة بعض الخبرات الصحفية من الشام إلى الاسكندرية وأصبحت الاسكندرية مركزاً لإصدار الصحف.»

د - «وفي الأول من ديسمبر عام ١٨٨٩ أصدر الشيخ أحمد ماضي والشيخ علي يوسف وهما من علماء الأزهر جريدة «المؤيد» لتتولى الجهاد ضد الاحتلال الانكليزي.»

هـ - «وأصدرت الثورة عدداً من الصحف لتعبّر عن مبادئها السياسية»

تمرين ٢٧ **مراجعة الفعل المضعف**

١- استَمرَرتُ
٢- تَستَمرَّ
٣- يَستَمِرّا
٤- أحبَّ
٥- مَرَرتَ
٦- أُضطُرِرتُ
٧- أهتَمُّ
٨- احتلال
٩- أعدَدتُ
١٠- للاستِعداد/لِنَستَعِدَّ

تمرين ٢٨ **دراسة المفردات**

١- د. شعبية
٢- د. غنيّة
٣- د. تهدف
٤- ب. يستخدم
٥- د. يركّز
٦- أ. الانتظار
٧- أ. أُعبِّر عنها
٨- جـ. تسجّلوا
٩- جـ. سلطة
١٠- د. التراث
١١- ب. أصدرت
١٢- أ. رأيي
١٣- جـ. حدثت
١٤- أ. بالإضافة الى هذا
١٥- أ. تأسيسها
١٦- جـ. مرَّ

العامية

"فيه جرايد عربي في أمريكا؟"

مها: صباح الخير يا خالد.

خالد: صباح النور يا مها، ازيك؟ نمتي كويس؟

مها: الحمد لله. ايه الاخبار النهارده؟ فيه حاجة جديدة؟

خالد: مافيش حاجة جديدة. هو فيه جرايد عربي في أمريكا؟

مها: فيه بس احنا غالباً بنشوف الاخبار على الانترنت.

خالد: وانتي بتفضلّي جرنال معيّن؟

مها: لا. أنا بشوف الاخبار في التليفزيون- أحسن.

❁ الدرس الرابع ❁

تذكروا وتعلموا:

عِلم الاجْتِماع ← اجتِماعيّ

* **مع أنه يقول إنه إنسان غير اجتماعي، فإن له أصدقاء ومعارف كثيرون .**

← مُجْتَمَع ج. -ات

* **يرفض المجتمع الدُوَلي احتلال أي دولة لدولة اخرى.**

جَميل ← جَمال

* **هي إنسانة متواضعة على الرغم من جمالها وذكائها.**

← عِلم الجَمال

* **في دراسته للفلسفة، ركّز نجيب محفوظ على علم الجمال.**

حَمَلَ ، يَحمِل ، الحَمْل ← حامِل ج. -ون / حَمَلة

* **مطلوبٌ لهذه الوظيفة حاملو درجة الماجستير أو الدكتوراه في إدارة الأعمال.**

رَجَعَ ، يَرجِع، الرُّجوع (إلى) ← مَرْجِع ج. مَراجِع

* **جمعت أكثر من عشرين مرجعاً وقرأتها وأنا الآن مستعدّ للبدء بالكتابة .**

رَكَّزَ، يُرَكِّز ، التَّركيز (على) ← مَرْكَز ج. مَراكِز

* **تنوي الجامعة إنشاء مركز جديد لدراسات الشرق الأوسط.**

سِياسيّ ← السِّياسة

* **دراسة تاريخ السياسة الخارجية شيء أساسي لِمَن يهتمّ بالعمل الدبلوماسي.**

شاهَدَ، يُشاهِد ، المُشاهَدة ← شَهادة ج. -ات

* **على الرغم من أني حصلت على شهادة في الهندسة فإني أرغب في العمل في التجارة.**

طالب ج. طلاب ← طَلَبة

* **في كل صباح يتجمّعُ الطلبة في ساحة المدرسة للاستماع الى حديث قصير من المديرة.**

عادةً ؛ عادة ج. عادات ← عاديّ ج. -ون

* **كان يوماً عادياً مثل أي يوم، ومع ذلك، شعرت أن شيئاً غريباً سيحدث.**

مُفَضَّل ← فَضَّلَ ، يُفَضِّل ، التَّفضيل (على) (أنْ)

* **أفضّل المشي من بيتنا الى الدكان في حين أنّ زوجي يفضّل استخدام السيارة.**

فِكرة ج. أفكار ← الفِكْر

* **تصدر مجلة "الفكر الجديد" في لندن وتنشر مقالات ودراسات عن الفكر الاسلامي.**

اِستَكشَفَ، يَستَكشِف، الاستكشاف← اِكتَشَفَ، يَكتَشِف، الاكتِشاف (أنّ)

* **اكتشفتُ أمس أن المشروع الذي بدأته لا يمكن أن ينجح ولذلك فسأضطَرّ الى تغييره.**

نادٍ / النادي ج. نوادٍ / النوادي ← نَدْوة ج. نَدَوات

* **سيقيم الاساتذة في قسمنا ندوة حول آخر التطورات السياسية في الشرق الاوسط.**

نَظَرَ، يَنظُر، النَظَر إلى ← نَظَرِيّة ج. -ات

* **إذا أردت أن تدرس الأدب المقارن فسيكون من المهم أن تفهم نظريات ديريدا وفوكو.**

المُناقَشة ← ناقَشَ ، يُناقِش ، المُناقَشة / النِقاش

* **استمرّ النقاش بينهم أكثر من ثلاث ساعات دون أن يصلوا الى قرار نهائي.**

يتَناوَل الغداء / العشاء ← تَناوَلَ ، يَتَناوَل ، التَّناوُل

* **يتناول فيلم "غرب بيروت" المجتمع اللبناني خلال الحرب من وجهة نظر الشباب.**

← في مُتَناوَل ...

* **هذا الكتاب رخيص وهو في متناول كل الناس.**

مُهِمّ ← مَهَمّة ج. مَهامّ

* **كانت مهمة الجيش الأمريكي في العراق صعبة جداً ، لأسباب كثيرة.**

واسِع ← اتَّسَعَ لـِ ، يَتَّسِع لـِ ، الاتِّساع لـِ

* **لا أفهم لماذا وضعونا في هذه الغرفة فهي لا تتّسع لعدد الطلبة المسجّلين في الصف!**

وَصَلَ ، يَصِل ، الوُصول ← صِلة ج. ـات

* **لم يجدوا أي صلة بين صدام حسين وتنظيم القاعدة ولكنّ كثيراً من الأمريكيين يظنون أن هناك صلة بينهما.**

من القاموس

آمَنَ بـ ، يُؤمِن بـ ، الإيمان بـ (أنّ)

* **هل هناك مَن لا يؤمن بأن حرية الفكر والتعبير شيء أساسي في أي مجتمع ديموقراطي؟**

بَحَثَ ، يَبحَث ، البَحث

* **سيبحث رؤساء الوزراء العرب في اجتماعهم التطورات الأخيرة في المنطقة.**

بَحث (علميّ) ج. أبحاث

* **سأكتب بحثًا يتناول التغييرات الاجتماعية التي سبّبها الكمبيوتر من حيث العلاقات بين الشباب.**

بَحَثَ عن ، يَبحَث عن ، البَحث عن

* **هل يمكنك أن تساعديني؟ أبحث عن شقة رخيصة أستأجرها ستة أشهر فقط.**

بَعَثَ ، يَبعَث ، البَعث (إلى)

* **سأبعث إليك رسالة عن أخباري بعد أن أصل الى فرنسا وأستقر في عملي وسكني.**

بَعْثة ج. بَعَثات

* **اختارت الحكومة صديقي ليشترك في بعثة دراسية الى إسبانيا.**

تِلْميذ ج. تَلاميذ

* **يحب الاساتذة أن يتبعهم تلاميذهم في اهتماماتهم الاكاديمية.**

ثَوْرة ج. ـات (على)

* **تُعرف الثورة الجزائرية التي انتهت باستقلال الجزائر عن فرنسا عام ١٩٦٤ بـ"ثورة المليون شهيد" لأن حوالي مليون من الجزائريين ماتوا فيها.**

جَعَلَ ، يَجعَل ، الجَعْل

* **تشجيع أساتذتي لي جعلني أستمرّ في دراساتي حتى الآن .**
* **جعلت الحكومة يوم ٨ مارس يوم عطلة للاحتفال بعيد المعلّم .**

حَديث / ة

* يُعتَبر دخول نابوليون الى مصر بجيشه وعلمائه بداية العصر الحديث في العالم العربي.

حَركَة ج. -ات

* تهتمّ زميلتُنا بدراسة الحركات الاسلامية التي تقول إنها ترغب في إقامة نظام حكم ديموقراطي .

اِختَرَعَ ، يَختَرِع ، الاختراع

* يقولون إنّ "الحاجة أمّ الاختراع". يعني إذا احتجت الى شيء كثيراً فإنك ستجد الطريق الى اختراعه!

خَطير / ة

* كانت المناطق الفقيرة في المدن الامريكية وما تزال خطيرة وخاصة بالليل.

دَعا ، يَدعو ، الدَّعوة

* أنتم أصدقائي وأريد أن أدعوكم جميعاً الى حفلة عشاء سأقيمها في بيتي احتفالاً بنجاحي!

دَعا إلى ، يَدعو الى ، الدَّعْوة الى

* بدأ مارتن لوثر كينغ يدعو الى خروج الجيش الامريكي من فيتنام قبل وفاته بأشهر.

دَعوة ج. دَعَوات

* وصلتني أمس بطاقة دعوة لحفلة استقبال احتفالاً بالذكرى الخمسين لتأسيس مركزنا.

رَأى ، يَرى ، الرُّؤْية

* مع السلامة . سأراكم غداً إن شاء الله!

روح ج. أرواح

* من أهم الأفكار المشتركة بين كثير من الأديان أن روح الإنسان تبقى بعد الموت.

روحِيّ

* يظن بعض الناس أن أمريكا لا يوجد فيها حياة روحية كما يجب.

زادَ ، يَزيد ، الزِّيادة

* زاد اهتمام الطلبة بدراسة اللغة العربية في أمريكا في السنوات الاخيرة كما أن فرص الدراسة في الشرق الاوسط زادت ايضاً.

زادَ عن ، يَزيد عن ، الزِّيادة عن

* أصبح من الممكن لأي شخص يزيد عمره عن ٦٥ سنة أن يستمرّ في عمله إذا أراد ذلك.

عَبْقَرِيّ ج. عَباقِرة

* الإنترنت فكرة عبقرية طوّرت حياتنا من حيث جمع المعلومات وتبادلها.

قَصْر ج. قُصور

* يعيشون في بيت من الصعب أن أقول عنه "بيت" فهو أقرب الى قصر!

مَقْعَد ج. مَقاعِد

* يوجد في هذه الغرفة أكثر من ١٠٠ مقعد كما أنّ فيها طاولات صغيرة يمكن استخدامُها كمقاعد أيضاً.

قَعَدَ ، يَقعُد ، القُعود

* قررا أن يترك العمل ويقعُد في البيت مع الأولاد لتستمرَّ هي في عملِها .

قادَ ، يَقود ، القِيادة

* من الخطير جداً أن تقودوا السيارة حين تكونون تعبانين ولم تناموا.

قائِد ج. قادة

* يُعتبر الرئيس الأمريكي القائد الأعلى للجيش حتى إذا لم يكن عنده خبرة عسكرية.

كَفى ، يَكفي ، الكِفاية

* يبدو لي أن هذه الغرفة ستكفي من حيث عدد المقاعد.

كافٍ / الكافي

* لا توجد ساعات كافية للدراسة في اليوم -- أحتاج الى ساعات أكثر!

مَشى ، يَمْشي ، المَشي

* أفضّل المَشي على قيادة السيارة ولكن المشكلة هي الوقت.

نَهْضة

* يُعتبر القرن الخامس عشر بداية عصر النهضة في أوروبا.

وَزَّعَ ، يُوَزِّع ، التَّوزيع (على)

* لا أعرف كيف أوزع وقتي حتى أستطيع أن أنتهي من عملي ويبقى لي وقت أستمتع به!

أوْفَدَ ، يُوفِد ، الإيفاد (إلى)

* أوفدت الحكومة السورية بعثة دبلوماسية الى الامم المتحدة لتقديم وجهة النظر السورية حول الجولان.

وَفْد ج. وُفود

* وصل الوفدان الكوريان الشمالي والجنوبي الى بيجينغ ومن المنتظر وصول الوفد الياباني قريباً.

تمرين ٢ **الأفعال الجديدة**

١- رأيْتم
٢- أدعوَ
٣- مشَيتُ
٤- أرى
٥- تمشيَ
٦- رأيْتِها
٧- يمشون

تمرين ٣ **المفردات الجديدة: جذور وأوزان**

١- المُؤمنين.
٢- مُختَرِعيْن عبقريَّين ، اختِراعهما غير العادي
٣- اكتِشافه العظيم
٤- باحثاً ناجحاً
٥- الحكومة المركزية
٦- الأكل المُوَزَّع
٧- المُوَزِّع الرسمي/ الموزِّعة الرسمية

تمرين ٦ **اسم الفاعل في جذور فيها "و" و "ي"**

زاد ، يزيد ← زائِد

الجدول: ماشٍ/ الماشي ، داعٍ/ الداعي ، قاضٍ/ القاضي ، باقٍ/ الباقي

تمرين ٧ **جمع اسم الفاعل في معنَيين مختلفين**

١- حاملين ، حَمَلَة
٢- الدُعاة ، داعين
٣- سكّان ، ساكنون
٤- ماشين ، المُشاة
٥- القادة
٦- قُرّاء

تمرين ٨ **المفردات الجديدة**

١- جمال
٢- حَمَلَة
٣- خطير
٤- اكتشف
٥- نناقش / نبحث
٦- جعلوا
٧- عبقري
٨- يمشي
٩- قصر
١٠- مقعد
١١- ندوة
١٢- توزيع
١٣- المركز
١٤- الحركات
١٥- عادي
١٦- يكفي
١٧- تتّسع
١٨- المراجع / النظريات
١٩- نظرية
٢٠- بعثة
٢١- وفد

تمرين ١٢ **نشاط استماع: الجزائر تحت الاحتلال الفرنسي**

عاشت الجزائر تحت الاحتلال الفرنسي مدة طويلة من الزمن تزيد عن مئة وثلاثين سنة انتهت عام ١٩٦٢ بحصول الجزائر على حريتها واستقلالها.

يرجع تاريخ الوجود الفرنسي في الجزائر إلى عام ١٥٦٣ ، حين كانت الجزائر ولاية عثمانية . وفي ذلك الوقت بدأ الاهتمام الفرنسي الرسمي بالجزائر فأرسلت فرنسا أول بعثة ديبلوماسية لها إلى الجزائر وبدأت بين البلدين صلات تجارية واقتصادية.

وفي أوائل القرن التاسع عشر كانت فرنسا ، كغيرها من الدول الأوروبية قد حققت تقدّما اقتصاديا كبيرا بسبب الثورة الصناعية وبدأت تبحث عن أسواق جديدة ومناطق استراتيجية لوجودها السياسي و العسكري في آسيا وأفريقيا . فقررت احتلال الجزائر وحدث ذلك عام ١٨٣٠ حين دخل الفرنسيون مدينة الجزائر واحتلوها ثم احتلوا مناطق اخرى في البلاد.

وكان الفرنسيون ينظرون إلى الجزائر على أنها جزء من فرنسا وامتداد طبيعي لها ولذلك قاموا بتشجيع الفرنسيين على الهجرة إلى الجزائر.

وقد أثّرت هذه الهجرة الفرنسية على الأحوال الاقتصادية في الجزائر وقلّلت من فرص العمل أمام الجزائريين، ولذلك اضطر عدد كبير منهم الى الهجرة إلى فرنسا للعمل هناك. وكان الفرنسيون يتصرّفون وكأنهم هم أصحاب البلاد الحقيقيون ففي حين أنهم أنشأوا مدارس رسمية وخاصة وشجعوا الاوروبيين على دخولها، فإنهم لم يسمحوا للجزائريين مثلا بالالتحاق بهذه المدارس.

وقد رفض الجزائريون الوجود الفرنسي بينهم وقاموا بثورات كثيرة تهدف إلى إخراج المحتلين من بلادهم . وقد مات في هذه الثورات ما يزيد عن مليون جزائري وجزائرية ولذلك تعرف الثورة الجزائرية بـ " ثورة المليون شهيد ».

تمرين ١٩ **اسم المكان**

ب ـ
٤- مَسبَح
٥- مَلعَب
٦- مدخَل
٧- مَخرَج

تمرين ٢٠ جمع التكسير ١-٣٣

مَفاعِل	مَفاعيل	فُعَلاء	أفعِلاء	فَعائِل	فَواعِل
مظاهر مساجد مراجع مراكز مطابع مقاعد معاني مطاعم	مواعيد مواضيع مشاريع	لطفاء خلفاء فقراء عظماء رؤساء علماء سعداء وزراء	أصدقاء أغنياء	دقائق جرائد حقائق كنائس أوائل نصائح	قوافل جوامع طوابق حوادث عواصم شوارع

تمرين ٢١ جمع التكسير والإعراب

١- رسائلَ ٣- أسابيعَ ٥- لطفاءَ ٧- كنائسَ

٢- مساجدُ / كنائسُ ٤- تجاربَ ٦- وزراءَ ، رؤساءَ ٨- مشاريعَ

تمرين ٢٢ المثنى والجمع والممنوع من الصرف

١- الباحثين ، الباحثات

٢- مراجعَ

٣- طابقان

٤- حوادثُ ، سياراتٍ

٥- أغنياءَ

٦- حملة / حاملي

٧- أسابيعَ

٨- أقاربُ

٩- مراكزَ ، المناطقِ

١٠- آراءٍ ، نصائحَ

١١- دعواتٍ

تمرين ٢٤ نشاط استماع: "الجامعات العلمية الإسلامية" من التليفزيون المصري

جـــ ١- «كذلك فإن المسلمين قد سبقوا أوروبا في هذا المضمار بقرنين كاملين».

٢- «وكان أول عميد لها أستاذ من جامعات الأندلس، أستاذ مسلم من جامعات الأندلس، ويساعده في إدارتها أستاذ يهودي من خريجي جامعات الأندلس أيضا.»

٣- «فعن طريق الأندلس وعن طريق المشرق العربي انتقلت هذه الحضارة من العالم الإسلامي الى أوروبا لأول مرة.»

٣- «وقد جلس الطلبة أمام أستاذهم وهو يلقي عليهم محاضرة»

٤- و«نرى بأسفل الصورة وعلى اليمين نرى الحاكم واقفاً بالباب وهو يهمّ بزيارة الجامعة وبجواره بعض كبار المسؤولين في الدولة.»

تمرين ٢٥ تمرين مراجعة: الامام محمد عبده

يُعتبر الامام محمد عبده واحدًا من أشهر رجال عصر النهضة في العالم العربي وواحدًا من أهم المفكّرين في تاريخ الفكر الاسلامي.

ولد الامام في مصر في منتصف القرن التاسع عشر والتحق بالجامع الأزهر حيث درس العلوم اللغوية والدينية على يد شيوخ الأزهر. وفي سنة ١٨٧٧ تخرّج من الأزهر وحصل على شهادة «العالمية» (الدكتوراه). وفي سنة ١٨٨٢ تعرّف الامام على مفكر مسلم آخر كان له تأثير كبير في حياته وهو السيد جمال الدين الأفغاني. وكان الافغاني في ذلك الوقت قد أتى الى القاهرة للتدريس فيها، ودرس عبده على يد الافغاني الفقه والفلسفة وأصبح تلميذه المفضّل ونشأت بين الرجلين علاقة روحية وفكرية قويّة استمرّت سنوات طويلة.

اهتمّ الإمام بفكرة الإصلاح الديني والسياسي والاجتماعي وكان يؤمن بأنّ الطريق الى الاصلاح هو التعليم، فدعا الى تعليم البنات والى أخذ العلوم من الغرب واستخدامها في تطوير المجتمعات الاسلامية. وقد عبّر الإمام عن آرائه الإصلاحية وعن وجهة نظره في مشكلات المجتمعات الاسلامية في عدد من المقالات التي نشرها في عدد من الصحف والمجلات التي كانت تصدر في ذلك الوقت وكذلك في عدد من الكتب.

العامية

"أنا لسه معيد!"

مها: بابا قال لي إنك مدرّس في الجامعة ؟

خالد: لا انا مش مدرّس في الجامعة – مدرّس الجامعة لازم يكون معاه دكتوراه. انا لسه معيد.

مها: وحتاخد الدكتوراه إمتى إن شاء الله؟

خالد: لسه! انا لازم اخلّص الماجستير الأول، وبعدين الدكتوراه ..

مها: ياه ! ربّنا معاك!

خالد: وانتي ناوية تعملي ايه – حتعملي دراسات عليا؟

مها: والله لسه ما قررتش – اتخرج إن شاء الله واشتغل سنة ، سنتين .. بعدين ابقى أفكّر.

❁ الدرس الخامس ❁

تذكروا وتعلّموا :

أدَب ج. آداب ← أديب ج. أُدَباء

*** يجد الادباء الشباب أحيانا مشاكل في نشر أعمالهم لأنهم غير معروفين. ولذلك فإنهم عادةً يبدأون بنشر أعمالهم في الجرائد والمجلات.**

ثَورةَ ج. -ات ← أثارَ ، يُثير ، الإثارة

*** أريد أن أقول لك إنّ تصرفاتك أمس في المطعم أثارت غضبي، فأنت كنت غير لطيفة مع العاملين في المطعم بدون سبب.**

بِجانِب ← جانب ج. جَوانِب

*** درسنا مشروع شراء الأرض من كل جوانبه ووجدنا أنه غير ممكن الآن لأنه يحتاج إلى مال كثير.**

حقيقة ج. حَقائق ← حَقّقَ ، يُحَقِّق ، التَّحقيق

*** برافو. أنتم فعلاً حققتم تقدّماً كبيراً في دراساتكم وأنا أؤمن بأنكم ستنجحون إن شاء الله في الوصول الى ما تريدونه.**

خاصّ ؛ مُتخصّص في ← خَصَّصَ لـِ ، يُخَصِّص لـِ ، التَّخصيص لـِ

*** قررنا أن نخصّص مئة وخمسين دولاراً كل شهر للأكل ومئة دولار للخروج والسهر والحفلات. هل هذا كفاية؟**

تَذَكَّرَ، يَتَذَكَّر، التَّذَكُّر ← مُذَكِّرات

* معظم الرؤساء السابقين يقومون بكتابة مذكراتهم من السنوات التي قضوها في الرئاسة.

رَحَلَ، يَرحَل ؛ رِحلة ← مَرْحَلة ج. مَراحِل

* البحث الذي أقوم بكتابته الآن يركّز على مراحل التعليم المختلفة من المرحلة الابتدائية الى المرحلة الثانوية.

شَخص ج. أشخاص ← شَخصيّة ج. -ات

* اهتمّ علم الإنسان في الخمسينات والستينات من القرن الماضي بوصف "شخصية" كل شعب. أما الآن فمعظم المتخصصين في هذا الموضوع لا يؤمنون بهذه الفكرة.

مَشهور ؛ اشتهر بـ ← شُهرة

* أظنّ أنك تعرفين جيّداً أن الشهرة ليست الشيء الوحيد الذي يمكن أن يجعلك سعيدة في حياتك!

صفّ ج. صفوف ←

* في معظم مطارات العالم أصبحنا نجد صفوفاً طويلة من الناس ينتظرون دخول صالات السفر بسبب أحداث ١١ سبتمبر.

صورة ج. صُوَر ← صَوَّرَ، يُصَوِّر، التَّصوير

* يصوّر الفيلم التونسي "حَلفاوين" الانتقال من مرحلة الطفولة الى مرحلة الشباب في حياة ولد يُخرَج من عالم النساء الذي كان يعيش فيه الى عالم الرجال.

طَبَعَ، الطِباعة ؛ مَطبَعة ← انْطِباع ج. -ات (عن)

* منذ قابلتهم لأول مرة كان انطباعي عنهم أنهم أذكياء ومتفوقون.

ظَهَرَ، يَظهَر، الظُّهور ← أظهَرَ، يُظهِر (أنّ)

* من المهم أن نظهر للضيوف كل الترحيب والاحترام حتى إذا كنا تعبانين.

عَدَد ج. أعداد ← عَدَّ، يَعُدّ، العَدّ

* أرجو أن تعُدّيني من الناس الذين تستطيعين أن تتكلمي معهم عن أي شيء.

عَصر ج. عُصور ؛ عَصريّ ← مُعاصِر ج. -ون

* يتخصّص مركز الدراسات العربية بجامعة جورجتاون بدراسة العالم العربي المعاصر من الجوانب السياسيةوالاقتصاديةوالتاريخية.

فَرد ج. أفراد ؛ مُفرد ← فَريد ج. -ون

* بعد نشر كتابه الأوّل كُتِبَ عنه أنه كاتب فريد من نوعه وأنّ له مستقبلاً ممتازاً إلا إنه لم يكتب أيّ شيء مهمّ بعد ذلك.

قريب ← تَقْريبًا

* استمرّت المناقشات ثلاث ساعات تقريبا دون أن يتناولوا عدداً من المواضيع الأساسية التي كانوا يريدون بحثها.

قام، يقوم، القِيام؛ قام بـ ← قامَ على ، يَقوم على ، القِيام على

* تقوم الديمقراطية على مشاركة الشعب في اختيار الحكّام ونظام الحكم بحرية كاملة.

مَكان ج. أماكِن ← مَكانة ج. -ات

* أظنّ أنه من المهم في مناقشة مكانة المرأة في المجتمعات الشرقية أن نذكر الاختلافات الاقتصادية والاجتماعية والثقافية داخل المجتمع الواحد.

لَوْن ج. ألوان ←

* تقوم كلية الفنون الجميلة بتدريس مختلف ألوان الفن الحديث.

امتدَّ ، يَمتَدّ ، الامتِداد ← مُدّة

* قالت لها الطبيبة إنه من الضروري لها أن تأخذ إجازة من العمل لمدّة أسبوع على الأقلّ.

نَوى ، يَنوي ، النِّيّة ← نيّة ج. -ات/نَوايا

* في الحقيقة كان في نيّتي أن أدعو كل زملائي الى الاحتفال ولكنّ بيتَنا لا يتّسع لأربعين شخصاً!

صِلة ج. -ات ← واصَلَ ، يُواصِل ، المُواصَلة

* قررت أن تواصل دراستها على الرغم من أنها لم تنجح في الحصول على منحة.

← اتَّصَلَ بـ ، يَتَّصِل بـ ، الاتِّصال بـ

* سأتّصل بكم في المساء لأعرف أين قررتم أن تجتمعوا.

وَفاة ج. وَفَيات ← تُوُفِّيَ / تُوُفِّيَت

* لمّا توفّي أبوه شعر كأنه وحيد في هذه الدنيا.

من القاموس

أيَّدَ ، يُؤَيِّد ، التَأييد

* تجمّع آلاف من الناس في ساحة المدينة للتعبير عن تأييدِهم للثورة وقادتها.

بارِز ج. -ون (بَرَز ، يَبرُز ، البُروز)

* يحب الناس في أيامنا هذه أن يقرأوا ويسمعوا عن حياة الشخصيات البارزة في السياسة والرياضة والفن.

جائِزة ج. جَوائِز

* تعتبر جائزة نوبل للسلام من أبرز الجوائز العالمية وأشهرِها.

اِحْتَرَمَ ، يَحتَرِم ، الاِحتِرام

* إذا لم تحترم نفسك فلن يحترمَك غيرُك.

حِوار ج. -ات (بَينَ)

* يدعو عدد كبير من رجال الدين الى قيام حوار بين الأديان بهدف تحسين العلاقات بين شعوب العالم.

حاوَلَ ، يُحاوِل ، المُحاوَلة (أنْ)

* حاولت أن أتّصل بك أمس عدة مرات ولكن تليفونك كان دائماً مشغولاً.

دارَ حَوْلَ ، يَدور حول

* تدور أحداث الفيلم حول الحرب العالمية الثانية ولكنه في نفس الوقت يقدّم قصة إنسانية.

دَوْر ج. أدوار

* يلعب التليفزيون دوراً مهماً في السياسة الأمريكية ربّما أكبر مما يجب.

رائِد ج. رُوّاد

* تعتبر "ماري كيوري" من أهم رائدات الاكتشاف والاختراع العلمي في العالم.

رِواية ج. -ات

* تصوّر رواية "مدن الملح" لعبد الرحمن منيف التغييرات الاجتماعية التي تبعت وصول شركات البترول الغربية الى دول الخليج في النصف الأول للقرن العشرين.

رِوائيّ ج. -ون

* بالإضافة الى نجيب محفوظ، سنقرأ لعدّة روائيين عرب بارزين ومنهم جمال الغيطاني وجبرا ابراهيم جبرا وعبد الرحمن منيف وسحر خليفة وحنان الشيخ.

ريف ج. أرْياف

* ما زالت الهجرة من الريف الى المدينة تمثل مشكلة اقتصادية كبيرة في بعض البلاد العربية.

مَسرَح ج. مَسارِح

* يشتهر شارع برودواي في نيويورك بمسارِحه الكثيرة .

مَسرَحيّة ج. -ات

* المسرحية التي سنشاهدُها الليلة ترجمت من اللغة الروسية وهي تقدَّم هنا في بلدِنا لأول مرة .

مُستَوى ج. مُسْتَوَيات

* بَلَغتم المستوى المتوسط في اللغة وإن شاء الله تبلغون المستوى المتقدّم في المستقبل القريب.

سيرة ذاتيّة (ج. سِيَر ذاتيّة)

* يبدو أن كتابة السيرة الذاتية أصبحت طريقة جديدة عند الشخصيات السياسية والاجتماعية المشهورة للحصول على المال.

سيرة ج. سِيَر

* يُعدّ كتاب سيرة النبي او "السيرة النبوية" من أقدم المراجع التي وصلتنا من أوائل تاريخ الاسلام.

ذات ج. ذَوات

* رأيتها جالسةً في ذات المقعد الذي رأيتها تجلس فيه عندما تقابلنا لأول مرة.

صِراع ج. -ات

* كان الصراع الفلسطيني - الاسرائيلي وما زال على رأس الموضوعات التي تشغل كل من يهتمّ بالشرق الاوسط.

ضَجّة

* الضجة التي سمعناها من بيتهم كانت عالية جداً لدرجة أننا قررنا الاتصال بالبوليس.

أعْجَبَ (ـه) يُعجِب (ـه) (أنّ / أنْ)

* هل أعجبتْكِ المناظر التي رأيتها خلال رحلتكِ في البحر الأبيض المتوسط؟

أُعْجِبَ بـ ، يُعجَب بـ ، الإعجاب بـ

* أُعجبنا بكلام المحاضر الأول. أما المحاضر الثاني فلم يعجبنا كلامُه كثيراً لأنه لم يقدّم معلومات كافية عن الموضوع الذي تحدث عنه.

عازِب / أعْزَب ج. عُزّاب

* مع أنه بلغ الاربعين فإنّه ما زال عازباً، وأظنّ أنه لا يحب فكرة الزواج بسبب فشل زواج أمه وأبيه.

عَدُوّ ج. أعْداء

* لماذا تعتبرني عدوًا لك؟ ماذا فعلت حتى تظن أن نيّتي غير طيبة؟

لعلّ

* سأترك لك بعض الأكل لعلّك تريدين أن تأكلي شيئا صغيراً بعد عودتك من الندوة.

عالَجَ ، يُعالِج ، المعالجة / العلاج

* يعالج الفيلم تطوّر الحركة النسائية في المغرب العربي ويركّز بشكل خاص على مشاركتِهنّ في الحياة السياسية.

عِلاج

* يسافر بعض الأغنياء العرب الى أوروبا وأمريكا للعلاج الطبي.

عَنيف/ة

* بدأ الصراع بينهم صراعاً كلاميا ولكنه تطوّر بسرعة الى صراعٍ عنيف وبدأوا يضربون بعضَهم البعض.

العُنْف

* أهتمّ بدراسة العنف في السينما ودورِه في المجتمع. وأنا شخصياً أظنّ أن العنف الذي يشاهده الأطفال في السينما والتليفزيون خطير جداً .

فَقَدَ ، يَفْقِد ، الفَقْد

* فقد هذا الرجل في حادثة الـ Tsunami الأخيرة كل ما عنده : فقد عائلتَه وأموالَه وبيتَه .. ولم يبقَ له أي شيء في الدنيا إلا الملابس التي عليه.

فَوريّ

* التكنولوجيا الحديثة تسمح لنا بالمراسلة الفورية عن طريق التليفون أو الكومبيوتر.

فَوْرًا / على الفَوْر

* إذا لم تنزل من البيت فوراً فسنتركك ونمشي بدونك!

قَتَلَ ، يقتُل ، القَتل

* تجربتي في دراسة الكيمياء كانت فاشلة وقتلت فيّ الرغبة في الالتحاق بكلية الطب.

قَضيّة ج. قَضايا

* سيناقش مجلس الوزراء عدداً من القضايا المهمة ومن بينِها قضية زيادة عدد سنوات الخدمة العسكرية.

قانون ج. قَوانين

* تسمّى مجموعة القوانين الخاصة بالزواج والطلاق بقوانين "الأحوال الشخصية".

لَقَب ج. ألْقاب

* كان الخلفاء العباسيون يختارون لأنفسهم ألقاباً تظهر صلتهم بالدين مثل "المنصور" والرشيد" و"المتوكّل على الله" و"المقتدر بالله".

أنْتَجَ ، يُنتِج ، الإنتاج

* ساعدت الزيادة في الإنتاج الزراعي طوال القرنين السابع عشر والثامن عشر على زيادة عدد السكان في مصر وبلاد الشام.

مَنْصِب ج. مَناصِب

* في عام ٢٠٠١ تولت الدكتورة "روث سيمونز" منصب رئيسة جامعة براون، وأصبحت بذلك أول امرأة أمريكية من أصل افريقي تتولى هذا المنصب الجامعي.

النَقْد

* أحب في صديقي أنه من النوع الذي يستطيع أن يسمع النقد دون أن يغضب.

انتَقَدَ ، يَنتَقِد ، الانتِقاد

* انتقدت حركة الإخوان المسلمين رئيس الحكومة ووصفتْه بأنه لا يهتم بقضايا الوطن والشعب.

هاجَمَ ، يُهاجِم ، المُهاجَمة / الهُجوم

* استمرّ الكاتبان يهاجمان بعضهما البعض على صفحات الجرائد والمجلات لمدّة طويلة.

مَيسور ج. -ون

* على الرغم من أنها عاشت حياة ميسورة، فقد اهتمّت بمشاكل الفقراء وعملت على مساعدتهم.

تمرين ٢ المفردات الجديدة

١- د. عازباً
٢- أ. جائزة
٣- أ. آثار
٤- جـ. الضجّة
٥- د. يؤيّدون
٦- أ. احترامي
٧- أ. فقدت
٨- جـ. البارزة
٩- د. أعجب
١٠- ب. مذكّراته
١١- أ. المستوى
١٢- أ. ميسورون
١٣- د. عدوّة
١٤- ب. مكانة
١٥- ب. تتّصلوا
١٦- جـ. مات
١٧- أ. الاستمرار في
١٨- د. الوقت
١٩- ب. أعتبره
٢٠- أ. هدفي
٢١- جـ. يتناول

تمرين ٣ ما معنى ... ؟

أ	ب
١. أديب	١٠. عدوة
٢. أعدّها	١١. الريف
٣. يقوم على	١٢. عازب / أعزب
٤. هم ميسورون	١٣. واصَلَ
٥. منصب	١٤. فقدت
٦. تعالج	١٥. المعاصر
٧. لعلّهما	١٦. تُوُفِّيَ
٨. تقريباً	١٧. فريدة
٩. أعجبتني	١٨. بارز / له شهرة

تمرين ٥ أوزان الفعل

١- تَصَوَّرَ: أ- تُصوِّر ب- أتَصوَّر
٢- أبرَزَ: أ- بَرَزَ ب- تُبرِز
٣- أفقَدَ: أ- فقدتْ ب- أفقَدَتها
٤- تَخَصَّصَ: أ- أتَخَصَّص ب- أخَصِّص

تمرين ٧ **المفردات الجديدة**

١- حقّق
٢- هاجم
٣- فوراً / على الفور
٤- العنف
٥- شهرة
٦- الإنتاج
٧- النقد
٨- الريف
٩- القوانين
١٠- روّاد / رائدات
١١- معالجة / علاج
١٢- يُظهر
١٣- جانب
١٤- سيرته
١٥- انطباعاته
١٦- الروايات
١٧- المسرحيات
١٨- لعلها
١٩- المعاصرة
٢٠- مرحلة

تمرين ١٠ **نشاط استماع** **الجامعة العربية**

الجامعة العربية - أو جامعة الدّول العربية كما تُعرف أيضًا - منظمة سياسية تتكوّن من إحدى وعشرين دولة ومركزها مدينة القاهرة. وقد تأسست الجامعة عام ١٩٤٥ وكان الهدف من تأسيسها تشجيع العمل المشترك بين الدول العربية وتطوير الصلات السياسية والثقافية والاقتصادية بينها. وكذلك معالجة المشاكل التي تقوم بينها عن طريق الحوار.

تتكوّن الجامعة من مجلس تشترك فيه كل الدول العربية. ويجتمع مجلس الجامعة عادةً مرتين في السنة. وهذه الاجتماعات تكون عادة على مستوى وزراء الخارجية أو السُّفراء ويشارك فيها الملوك والرؤساء حين تُناقش القضايا المهمة. ويرأس الجامعة أمين عام (سكرتير) تعيّنه الدول الأعضاء. ويحتل هذا المنصب اليوم عمرو موسى وزير الخارجية المصرية السابق. ومن أبرز منظّمات الجامعة المنظمة العربية للتربية والثقافة والعلوم ومنظمة العمل العربية.

اهتمّت الجامعة خلال تاريخها بالقضية الفلسطينية بصورة خاصة، وقامت بتقديم وجهة النظر العربية في الصراع العربي--الاسرائيلي الى المجتمع الدولي. وعلى الرغم من انّ الجامعة ركّزت ايضاً على الجوانب الاقتصادية وحاولت انشاء سوق عربية مشتركة فإنّ محاولاتها هذه لم تحقق اي نجاح الى الآن.

تمرين ١٨ **الممنوع من الصرف**

١- وجدتُ أنّ أكثرَ من شخصٍ كان عنده نفسُ الانطباعِ عن الرئيسِ الجديدِ للشركةِ.
٢- البريدُ الالكترونيُّ من أحدثِ الاختراعاتِ الحديثةِ وأسرعِ طرقِ الاتّصالِ.
٣- أشعرُ أننا نتقدّمُ بشكلٍ أسرعَ في هذا الفصلِ الدراسيِّ ولكننا ندرسُ أكثرَ أيضاً.
٤- مع أنه حقّقَ شهرةً أدبيةً أوسعَ من شهرةِ أبيه، فإنّ أباهُ قام بإنتاجِ أعمالٍ أدبيةٍ أكثرَ.
٥- كان ظهورُ الطباعةِ أسبقَ من ظهورِ الصحافةِ.
٦- بعضُ الناسِ يظنّون أنّ مدينةَ نيويورك أخطرُ من أيِّ مدينةٍ أمريكيةٍ اخرى.
٧- كنا نتمنّى أن نقضيَ مدّةً أطولَ في الريفِ ولكننا أُضطُرِرنا الى العودةِ الى ضجةِ المدينةِ وازدحامِها.

تمرين ١٩ **"أفعل" التفضيل**

١- أطول رحلةٍ ، العصور الوسطى
٢- أشهرِ الأسواقِ
٣- أعلى جبلٍ
٤- أقدم الفنونِ
٥- أخطرُ مشكلةٍ
٦- أعظمُ اكتشافٍ
٧- أطيبِ المأكولاتِ
٨- أجملُ ذكرى
٩- أغنى دولِ العالم ، أفقرها
١٠- أكبرِ الطرقِ الصوفيةِ

تمرين ٢٥ **نشاط استماع مع الدكتورة نورية الرومي، من تليفزيون الشارقة**

جـ - «الإمارات دولة عزيزة من ناحية وجميلة من ناحية ثانية وهي امتداد لمناطق جنوب الجزيرة العربية، فيها جمال يختلف من جزء لآخر لأن هناك طبيعة يعني جميلة مختلفة.»

العامية

"فيه فيلم ايه الليلة؟"

محمد: فيه أفلام ايه الليلة؟
خالد: عربي ولاّ إنجليزي؟
محمد: لا عربي طبعاً.
خالد: دقيقة واحدة اشوف في الجرنال.
(لمها:) اتفضّلي.
مها: شكراً يا خالد. اتفضّل يا بابا الشاي.
محمد: شكراً يا مها.
خالد: فيه على المستقبل فيلم كوميدي بس مش مكتوب اسمه، وفيه على المصرية فيلم «بين القصرين».
محمد : ايوه! .. عارفة يا مها الرواية دي ؟
مها: رواية ايه ؟
خالد: رواية نجيب محفوظ - «بين القصرين».
مها: آه. سمعت عنها.
خالد : قريتي حاجة لنجيب محفوظ؟
مها: مش بالعربي - قريت رواية Midaq Alley بالإنجليزي.
خالد: آه. زقاق المدق.
محمد: والفيلم حييجي الساعة كام؟
خالد: الفيلم حييجي .. الساعة واحدة ونص بالليل.
محمد: ياه! الساعة واحدة ونص بالليل!

❁ الدرس السادس ❁

تذكروا وتعلّموا :

الثقافة ← مُثقّف ج. -ون

٭ أقام مركز دراسات الوحدة العربية في بيروت ندوة حضرها عدد كبير من المثقفين والمفكرين العرب البارزين.

ثَورة ؛ أثارَ، يُثير، الإثارة ← ثارَ، يَثور ، الثّورة (على)

٭ أظنّ أنه إذا استمرّت السلطة في سياستها ونظامها الديكتاتوري بهذا الشكل فلا بدّ أنّ الشعب سيثور عليها قريباً جداً.

جَلَسَ، يَجلِس ، الجُلوس ← مَجْلِس ج. مَجالِس

٭ يسمّى البرلمان في مصر وسوريا "مجلس الشعب" في حين يسمّى في لبنان "مجلس النوّاب" وفي الكويت "مجلس الأمّة".

جَمَعَ، يَجمَع، الجَمع ← جَمْعِيّة ج. -ات

* في عام ١٩٨٠ أسس العرب الأمريكيون جمعية سمّوها ADC من أهدافها الاهتمام بحقوقهم المدنية وتقديم الخدمات القانونية لهم والتعبير عن وجهة النظر العربية في السياسة الأمريكية.

حَدَثَ ، يَحدُث ، الحُدوث ← حَدَث ج. أحداث

* يعالج الكتاب الجديد أهم الأحداث السياسية والاجتماعية التي شهدتها الجزائر في مرحلة ما بعد الثورة.

كلية الحُقوق ← حَقّ ج. حُقوق

* من حقوق الإنسان حق التعبير بحرية وحق الاجتماع والتجمّع.

دَرَجة ج. -ات ← تَدريجيّاً

* سيكون من الصعب عليَّ التوقف عن التدخين بشكل فوري ولكن سأحاول أن أقلّل منه تدريجياً.

اِستَمَعَ الى، يَستَمِع إلى ← سَمِعَ ، يَسْمَع ، السَّماع

* ذهبنا الى الندوة ولكن كان من الصعب أن نسمع المتحدثين بسبب الضجة الكبيرة من الشارع.

مُستَوى ج. مُستَوَيات ← ساوى ، يُساوي ، المُساواة

* اثنان زائد اثنين يساوي أربعة وثلاثة زائد واحد يساوي أربعة أيضاً.

← تَساوى ، يَتَساوى ، التَساوي (مع)

* كانت المرأة وما زالت تطالب بأنْ تتساوى مع الرجل في فرص العمل والتعليم.

← سِوى

* أحببتُ جميع الأفلام التي شاهدناها هذه السنة سوى الفيلم الأخير الذي وجدته "هوليووديا" أكثر من اللازم.

شَدّة ← شَديد / ة

* ما زال بعض رجال السياسة يواصلون انتقادَهم الشديد للحكومة ويهاجمونها في التليفزيون وعلى صفحات الجرائد.

شَعَرَ، يشعُر، الشُعور بـ/أنّ ← شاعِر ج. شُعَراء

* يُعدّ أبو نواس وأبو تمّام وأبو الطيب المتنبّي من أبرز شعراء العصر العباسي الذين بلغوا مكانة عالية في تاريخ الشعر العربي.

طَلَبَ، يَطلُب، الطَلَب (أنْ) ← طالَبَ بـ ، يُطالِب بـ ، المُطالَبة بـ

* لا بدَّ للشعب أن يطالب الحكومة بحق المشاركة في صنع القرار.

← مَطلَب ج. مَطالِب

* اجتمع الموظفون وقرروا كتابة رسالة رسمية لإدارة الشركة تعبّر عن مطالبهم.

عَلِم ، يعلَم ، العِلم (بـ/أنّ) ← عَلَّمَ ، يُعَلِّم ، التَّعليم

* المثل العربي "مَن علّمني حرفا صرت له عبداً" يعبّر عن احترام المجتمع للمعلم وأهمية التعليم.

عَمِل ، يعمَل ، العَمَل ← عامَلَ ، يُعامِل ، المُعامَلة (بـ)

* يجب على اساتذة اللغات الاجنبية الجامعيين ألاّ يعاملوا التلاميذ كأطفال وأن يتذكروا أن مستوى تفكيرهم عالٍ.

فَتَحَ يَفتَح ، الفَتح ← اِفْتَتَحَ ، يَفتَتِح ، الاِفتِتاح

* **تمّ اليوم افتتاح مصنع جديد لإنتاج المأكولات المثلّجة في مملكة البحرين.**

فَعَلَ ، يَفعَل ، الفِعل ← فعّال / ة

* **لم أجد حتى الآن طريقة فعّالة لحفظ المفردات. هل يمكن أن تساعديني؟**

قد + الماضي ≠ قَد + المضارع

* **أصبحت أمّي مريضة. وقد يكون من اللازم أن أسافر لرؤيتها ومساعدة والدي وإخوتي.**

استَمتَعَ بـ ؛ مُمتِع ← أَمْتَعَ ، يُمتِع ، الإمتاع

في أيام زمان، كان الحكواتي يُمتع الناس بقصصه طوال شهر رمضان.

مِثل ← مَثَّلَ ، يُمَثِّل ، التَّمثيل

* **كان التمثيل من هواياته منذ أيام المدرسة. ثم التحق بمعهد السينما وقام بأدوار صغيرة في عدة أفلام حتى أصبح أخيراً ممثلاً مشهوراً.**

نادى، ينادي، المُناداة (على) ← نادى بـ ، يُنادي بـ ، المُناداة بـ

* **لا أظنّ أن الناس العاديين يستمعون الى أي شخص ينادي بالعنف إلّا إذا كانت أحوالُهم صعبة جداً ولم يكن عندهم أيُّ إيمان بالمستقبل.**

نِظام ج. أنظِمة ؛ انتِظام ← نَظَّمَ ، يُنَظِّم ، التَّنظيم

* **على الرغم من المحاولات العديدة التي قمت بها لأنظّم حياتي فإنني لم أحقق أي نجاح. وحياتي ما زالت تجري بلا نظام.**

مُهِمّ ؛ أهَمّ ← أهَمِّيّة

* **كلنا نعرف أهمّية الاجتماع الذي تمّ بينهما وما زلنا ننتظر أن نسمع عمّا قيل فيه.**

وَجَد ، يَجِد ← يُوجَد ، الوُجود

* **توجد في دمشق فنادق متواضعة من الدرجة الثالثة وهي رخيصة وفي متناول معظم الزوار.**

وَجْه ← وَجْه ج. وُجوه

* **الليلة سأقابل صديقاً قديماً لم أره منذ ١٠ سنوات، ولا أتذكر وجهَه جيداً. يا ترى هل سأعرفه؟**

← وَجْه ج. أَوْجُه

* **إذا أردت أن تفهم أوجه السياسة اللبنانية بشكل كامل فمن المهم أن تدرس تاريخ لبنان من القرن التاسع عشر حتى الآن.**

واحِد؛ الوِحدة؛ الأمم المُتّحِدة—> اتِّحاد ج. -ات

* **نجح الاتّحاد الأوروبي حتى الآن في تحقيق وحدة اقتصادية مستقرّة.**

وَطَن ج. أوطان —> مُواطِن ج. -ون

* **كانوا يحلُمون بأن يصبحوا مواطنين أمريكيين لأنهم آمنوا بأفكار الديموقراطية والحرية التي تنادي بها الولايات المتحدة.**

تَوَقَّفَ، يَتَوَقَّف، التَّوَقُّف(عن)—> وَقَفَ ، يَقِف ، الوُقوف

* **وقفنا في صف طويل أكثر من ساعتين للحصول على بطاقات دخول الى المسرحية ولكننا فشلنا في ذلك.**

← مَوْقِف ج. مَواقِف

* ما موقفكم من الآراء التي عبّر عنها الرئيس في كلامه؟

من القاموس

مُؤْتَمَر ج. -ات

* سيشارك في المؤتمر الصّحفي كل وزراء الخارجية العرب الذين حضروا الاجتماع.

جِنْس

* تحارب الحركة النسائية تسمية المرأة بـ"الجنس اللطيف" لأنها تعطي الانطباع بأن المرأة لا تستطيع القيام بما يقوم به الرجل.

جاهَدَ ، يُجاهِد ، الجِهاد

* قضى نيلسون مانديلا معظم حياته يجاهد ويكافح لتحقيق المساواة في الحقوق المدنية بين البيض والسود في جنوب إفريقيا.

الجَهْل (جَهِلَ ، يَجْهَل) (أنّ)

* هناك مثل عربي مشهور يقول "الإنسان عدو لما يجهله" أي أنه من الصعب جداً على الإنسان أن يقبل الأشياء التي يجهلها.

مَجال ج. -ات

* أريد أن أتخصص في مجال القانون الدولي لأني أهتمّ بقضايا الهجرة وحقوق الإنسان.

حَرَّمَ ، يُحَرِّم ، التَّحريم (على)

* يحرّم القانون الجديد الاتّصالات التليفونية بـ"الموبايل" خلال قيادة السيارة لأنها قد تسبب الحوادث.

حَرام (على)

* مع أن الرأي السائد هو أن تصوير شكل الإنسان حرام في الإسلام، فإن الفن الإسلامي قدّم لنا ولا يزال أمثلة كثيرة لصور الإنسان.

حُزْن ج. أَحْزان

* شعرنا بالحزن الشديد حين سمعنا بوفاتها إذ أنها كانت امرأة عظيمة قدّمت الكثير لمجتمعها وبلادها.

حَزين / ة

* في سيرتها الذاتية تصوّر لنا الكاتبة كيف عاشت معظم حياتها حزينة بسبب انقطاع الصلة بينها وبين والدها.

مَحَطّة ج. -ات

* سأنتظركم في محطة الاتوبيس، ولا تتأخروا، فقد يكون هناك ازدحام.

دُهِشَ ، يُدْهَش ، الدَّهْشة (من / لِـ)

* في الحقيقة، دهشت حين سمعت أنّها تعتبرني عدوة لها . فأنا لم أهاجمها ولم أقل أي كلام يجعلها تأخذ هذا الموقف.

رَفَعَ ، يَرْفَع ، الرَّفْع

* ستضع الحكومة الجديدة سياسة تهدف الى تطوير الاقتصاد الوطني ورفع مستوى المعيشة للمواطنين.

صَدْمة ج. صَدَمات

* كانت وفاة زوجته صدمة كبيرة له لم يستطع بعدها أن يعتاد على الحياة لوحده.

صَوْت ج. أصْوات

* لعلّ السبب الرئيسي في شهرة السيدة أم كلثوم هو ذلك الصوت الجميل والفريد الذي أمتعت به الملايين من الناس.

صالة ج. -ات

* من فضلكم، أرجوكم أن ترفعوا أصواتكم عندما تسألون أسئلتكم لأن الصالة كبيرة وواسعة.

ضَخْم / ة

* رواية "الحرب والسلام" لتولستوي ضخمة جداً مثل الكثير من الروايات الروسية الكلاسيكية.

ضِدّ

* ركّز الرئيس في حديثه على أنّ الحرب التي تقوم بها الولايات المتحدة ليست حرباً ضد الإسلام والمسلمين ولكنها حرب ضد العنف الذي تقوم به بعض الجماعات الإسلامية.

طَلَّقَ ، يُطَلِّق ، الطَلاق

* بعد عشرين سنة من الزواج وثلاثة أولاد، طلبت من زوجها أن يطلّقها. لماذا؟

تَعْديل ج. -ات

* انتقد عدد من السياسيين الأمريكيين القانون المسمّى بالـ Patriot Act وطلبوا تعديله للمحافظة على الحريات المدنية.

عَدَم

* من المشاكل التي عبّر عنها طلبة المستوى العالي عدم الشعور بالتقدّم وعدم وجود فرص كثيرة لاستخدام اللغة خارج الصف.

عارَضَ ، يُعارِض ، المُعارَضة

* أيّدت بعض الدول الاوروبية الحرب ضد العراق في حين عارضتها دول اخرى كفرنسا وألمانيا.

عُضْو ج. أعْضاء

* رحّب رئيس مجلس الأمة الكويتي بأعضاء المجلس الجدد وطلب من كل عضو أن يقدّم نفسه الى الأعضاء الآخرين.

فَتاة ج. فَتَيات

* تعرفت على فتاة جميلة وذكية وعالية الأخلاق وأظن أنها فتاة أحلامي.

اِقْتَرَحَ ، يَقتَرِح ، الاِقتِراح (على) (أنْ)

* في رأيي الشخصي، الأعمال المسرحية التي قُدّمت للحصول على جائزة أفضل عمل مسرحي ليست على المستوى المطلوب. لذلك أقترح عدم تقديم الجائزة هذه السنة.

تَقْليد ج. تَقاليد

* تختلف التقاليد الاجتماعية في المدن الكبيرة عنها في الأرياف.

تَقْليديّ

* ما زال كثير من الدروز في لبنان وسوريا يلبسون الملابس التقليدية المكوّنة من السروال أو البنطلون الأسود والقميص الأبيض.

اِقْتَنَع بـ ، يَقتَنِع بـ ، الاِقتِناع بـ

* في البداية رفض والداي فكرة سفري الى سوريا ولكنهما اقتنعا بعد أن قدّمت لهما معلومات عن البرنامج وبعد أن تحدثا مع أساتذتي.

قَوْمِيّة ج. ـات

* على الرغم من الاختلافات الكثيرة التي تفرّق بين الدول العربية فإن كثيراً من العرب ما زالوا يشعرون بأنّ القومية العربية تجمع بينهم.

كافَحَ ، يُكافِح ، المُكافَحة / الكِفاح (لِـ) (ضِدَّ)

* أصبحت بعض الدول العربية تكافح التدخين لأنه منتشر بصورة واسعة بين أبناء شعوبها.

تَمَرَّدَ على ، يَتَمَرَّدُ على ، التَّمَرُّدُ على

* تعالج رواية "حكاية زهرة" للكاتبة اللبنانية حنان الشيخ قضايا اجتماعية في لبنان وتدور حول قصة فتاة اسمها زهرة تثور على أهلها وتتمرد على أفكارهم.

نَشاط ج. ـات / أنَشطة

* زميلتي تلميذة ذكية جداً ولكنها غير متفوقة في دراساتها لأنها تشترك في كثير من النشاطات خارج الصف.

أَوْضَحَ ، يوضِح ، الإيضاح (لِـ) (أنّ)

* حاولت أن أوضح لهم وجهة نظري ولكنهم لم يفهموني وبدأوا ينتقدونني بشكل شديد.

واضِح / ة

* أتمنّى أن يكون كلامي واضحاً للجميع. وإذا لم يكن كذلك فأرجو أن تطلبوا مني المزيد من الإيضاح.

وَعى ، يَعي ، الوَعْي (بـ) (أنّ)

* فقد الوعي في الحادث لمدة ساعة ولكن يبدو أنه بخير الآن الحمد لله.

الوَعي (بـ)

* من أبرز أهداف منظمة العفو الدولية *Amnesty International* زيادة الوعي بحقوق الإنسان والعمل على تحقيقها.

وافَقَ على، يُوافِق على ، المُوافَقة على

* لم توافق المديرة على اقتراح الموظفين بالسماح لهم بالعمل من البيت عن طريق الكمبيوتر

يَهوديّ ج. يَهود

اليَهوديّة

* توجد مراكز وبرامج خاصة بالدراسات اليهودية في عدد من الجامعات الأمريكية التي تقدّم صفوفاً في التاريخ والدين واللغات اليهودية.

تمرين ٣ وزنا فاعَلَ وتَفاعَلَ

الجدول: تَعامَلَ مع ؛ تَصارَعَ مع ؛ تَناقَشَ مع ؛ تَقاتَلَ

١ـ تُعاملهم	٣ـ يصارعون	٥ـ سيتناقش	٧ـ تقاتلت
٢ـ نتعامل	٤ـ يتصارعان	٦ـ سيناقش	٨ـ سنقاتلهم

تمرين ٤ المفردات الجديدة

١- ب. جمعية
٢- د. الأحداث
٣- د. ثار
٤- أ. جاهل
٥- د. يحرّمان
٦- ب. رفع
٧- جـ . اقتنعت
٨- أ. صوتك
٩- جـ . اِتّحاد
١٠- ب. حزن
١١- د. يمثّل
١٢- د. جاهد
١٣- أ. الشديد
١٤- أ. التقاليد

تمرين ٥ ما معنى هذا؟

أ	ب
١- صالة	٩- طلّقت
٢- جاهدوا	١٠- وافقوا على
٣- سوى	١١- الجهل
٤- ثارت	١٢- بحزن
٥- التعليم	١٣- ضدّ
٦- نادى بـ	١٤- ضخم
٧- اقتراح	١٥- تقليدي
٨- فتاة	١٦- عارضت

تمرين ٦ مفردات جديدة

١- هل أنت مُوافِق/ة أنّ
٢- اقتراحات أستاذك/أستاذتك
٣- عدم التساوي / المساواة
٤- وجهات نظر مُتعارِضة / مُعارِضة
٥- مواقف غير مُقنِعة
٦- مُتَمَرِّدون مُجاهِدون / مُكافِحون
٧- أصوات غير مسموعة
٨- والدان مطلَّقان
٩- التساوي في الحقوق
١٠- عومِلَ بطريقة جيدة / مُعامَل بشكل جيّد

تمرين ١٠ المفردات الجديدة

١- المثقّفون
٢- المؤتمر
٣- تعديله
٤- تدريجياً
٥- افتتاح
٦- سوى
٧- دُهشت
٨- القوميّة
٩- أوضَحَ
١٠- الوعي / وعيه
١١- فعّالة
١٢- مواطن
١٣- صدمة

تمرين ١٤ نشاط استماع المهاتما غاندي

واحد من أبرز القادة الروحيين والسياسيين في العالم في القرن العشرين. كافح طوال حياته لتحرير الشعب الهندي من الاحتلال البريطاني وذلك عن طريق سياسة اللاعنف التي كان يؤمن بها . يحبّه الهنود كثيراً ويعتبرونه مؤسّس دولة الهند الحديثة وقد أطلقوا عليه لقب «مهاتما» الذي يعني « الروح العظيمة» .

ولد غاندي عام ١٨٦٩ في ولاية «غُجرات» في غرب الهند لعائلة هندوسيّة ، وكان والده شخصية سياسية بارزة في تلك الولاية . ولما بلغ السابعة عشرة من عمره أرسلته عائلته الى لندن لدراسة الحقوق. وفي لندن تعرّف غاندي على عددٍ من المثقفين من جنسيات وأديان مختلفة شاركوه إيمانه بفكرة اللاعنف وتركوا أثرًا كبيرًا في تفكيره.

وفي سنة ١٨٩٠ سافر غاندي الى جنوب افريقيا حيث كان اخوه يعمل في التجارة . وكانت تجربته في جنوب افريقيا شديدة التأثير في حياته، إذ فتحت عينيه على الاحوال المعيشيّة الصعبة التي كان يعيشها المهاجرون الهنود والمواطنون السّود في جنوب افريقيا . وقد قام غاندي خلال سنوات اقامته في جنوب افريقيا بنشاطات عدّة تهدف الى رفع مستوى الوعي بين السّود والمهاجرين الهنود.

ولمّا رجع غاندي الى الهند سنة ١٩١٥ بدأ نشاطه السياسي ضدّ الوجود البريطاني في الهند ، وقد أدخله البريطانيون السجن مرات عديدة بسبب مواقفه المعارضة. وبدأ اسم غاندي يبرز تدريجياً في الحركة الوطنية الهندية الى ان أصبح قائدًا لهذه الحركة. وكان غاندي يركز في احاديثه وخطبه على عدم استخدام العنف وعلى ضرورة احترام السلطة لحقوق الناس جميعًا. وفي سنة ١٩٤٧ حصلت الهند على استقلالها وقُسّمت الى دولتين هما الهند والباكستان، وتبع ذلك أعمال عنف كثيرة بين المسلمين والهندوس. وقد رفض غاندي هذا التقسيم وعبّر عن تأييده لفكرة الهند الموحدّة التي يعيش فيها المسلمون والهندوس جنبًا الى جنب في أخوّة وسلام. وفي ١٣ يناير ١٩٤٨ بدأ صومًا بهدف وقف القتال بين الجانبين، وقد نجح في تحقيق هدفه هذا ولكنه قُتل بعد ايام قليلة على يد واحد من المتطرفين الهندوس وفقد العالم بذلك واحدًا من اعظم محبّي السّلام.

تمرين ٢١ الحال

١- كانت حفلة رسمية ولكنهم جاءوا لابسين الـ«جينز»!

٢- اتّصلتْ بمحطة الراديو مُطالِبةً بحقّها في أن تُسمَع / تَرفع صوتها.

٣- جلست بنتك ساعتين تقرأ / وهي تقرأ كتاباً!

٤- قضت / عاشت حياتها تكافح ضدّ الجهل وعدم المساواة.

٥- الكلام بالتليفون وأنت تقود السيارة قد يكون خطيراً.

تمرين ٢٤ الاسم المنقوص

١- عالٍ
٢- والٍ
٣- التالية
٤- الماضية
٥- نوادي
٦- كافٍ
٧- ماشياً
٨- أهالي
٩- الأراضي
١٠- غالٍ

تمرين ٢٧ الفعل المثال

١- تولَدوا
٢- تَصِلكم
٣- اتّصَلت به
٤- نَضَع / توضَع
٥- تَقَع
٦- يُوجَد
٧- يَعون

تمرين ٢٩ نشاط استماع: محاضرة للدكتورة هناء الكيلاني

٧- «يسعدني في هذا الحديث أن أقدّم لكم نظرة تاريخية لظاهرة الحجاب ولنفتح معكم باب النقاش والحوار لإغناء الموضوع، هذا الموضوع الذي أثار نقاشات كثيرة وحادة سواء بين المسلمين أنفسهم أو بين المسلمين والشعوب الأخرى.»

تمرين ٣٠ نشاط استماع: محاضرة للدكتورة زينب طه

جـ ـ ١. «المرأة المسلمة والمسيحية على مدى التاريخ كانت دائما لها مظهر خاص. هذا المظهر للفلاحة في الدلتا أو في قرى مصر والصعيدية في جنوب مصر كان يظهر المكان الجغرافي للمرأة أو الطبقة أو المستوى الاقتصادي أو الاجتماعي لهذه المرأة.

٢. «أمام هذا الانتشار لظاهرة الحجاب هناك تحديات أو مشكلات تواجه المرأة المسلمة غير المحجبة أو المسيحية. بالنسبة للمسلمة غير المحجبة هناك أسئلة أو مشكلات مثلاً المرأة غير المحجبة تسأل دائماً «اشرحي لنا! يجب أن تشرحي لنا لماذا لا تلبسين الحجاب؟

٣. «ولذلك فهناك حكم أخلاقي عليها على المظهر بدون أن نعرف ما وراء هذا المظهر.»

٤. «نحن الآن نتصارع في أشياء ليست أساسية جدا جدا بالنسبة لاستمرار المجتمع وتطوره. المرأة تواجه مشكلات حقيقية في المجتمع المصري كما تواجه المرأة في كل مكان في العالم.»

تمرين ٣١ مراجعة إعراب الممنوع من الصرف

١. احتلَّت ديزي الامير عدةَ مناصبَ حكوميةٍ ساعدتْها على التعرّفِ على أدباءَ آخرين.

٢. لعلّكم تقرأون أسرعَ مني ولكن هل تفهمون أكثرَ؟

٣. كلُّ الناسِ سواءٌ كانوا أغنياءَ أو فقراءَ يَستعدّون للاحتفالِ بالعيدِ.

٤. ستُوَزَّعُ جوائزُ على جميعِ التلاميذِ الذينَ اشتَرَكوا في مشروعِ تزيينِ المدرسةِ.

٥. صديقي سامي أسمرُ وصديقتي إيمان شقراءُ .

٦. اكتشفتْ الدكتورةُ حقائقَ طبيةً مهمةً لم تُذكَرْ في أيِّ مراجعَ حتّى الآن.

٧. يَتّبِعُ الناسُ تقاليدَ يظنّون أنّها إسلاميةٌ ولكن لا علاقة لها بالدينِ في الاصلِ.

العامية

"مصر اتغيرت؟"

خالد: هه – شايفة مصر اتغيّرت يا مها؟
مها : انا في الحقيقة مش فاكرة كثير
.. بس حاسّة انّ فيه زحمة اكثر دلوقت.
خالد: آه طبعاً.
مها: وكمان فيه محجّبات كثير، مش كده؟
خالد: ده صحيح.
مها: طب ايه السبب؟
خالد: في الحقيقة يا مها – فيه أسباب كثير ..

❁ الدرس السابع ❁

تذكروا وتعلّموا :

أَخَذَ ، يَأخُذ ، الأخذ ← أخَذَ

٭ فهم الناس أن المحتلّين لن يرحلوا عن البلاد فأخذوا يهاجمونهم ويتمرّدون عليهم.

الأمَم المتّحدة ← أمّة ج. أمَم

٭ من أقدم الكتب في تاريخ الأدب العربي كتاب "تاريخ الأمم والملوك" الذي كتبه الطبري في القرن العاشر الميلادي.

بَقِيَ ، يَبقى ، البقاء ← أبْقى (أبقَيْتُ) ، يُبْقي ، الإبقاء (على)

*** لم نقرر إذا كنا سننقُل ابنتَنا الى مدرسة جديدة أو نُبقيها في نفس المدرسة.**

بَلَغَ ، يَبلُغ، البُلوغ ← بَلَغ(ني) أنّ

*** هل بلغك أنّ صديقتنا دينا طلبت الطلاق من زوجها؟**

بيت ج. بيوت ← باتَ (بِتُّ)، يَبيت ، المَبيت (في)

*** رحلتي الى القاهرة ستستمرّ يومين فقط. ولذلك لن أقيم في فندق ولكن سأبيت عند أصدقائي هناك.**

التِجارة ← تاجِر ج. تُجّار

*** اقترح بعض التجّار الكبار في تونس إنشاء غرفة تجارية *Chamber of Commerce* يشترك فيها التجار على اختلاف نشاطاتهم.**

تَمَّ ، يَتِمّ ← أتَمَّ ، يُتِمّ ، الإتمام

*** طلب الرئيس من أعضاء مجلس الشعب أن يُتمّوا تعديل القانون قبل عطلة العيد.**

جَمَعَ ، يَجمَع ، الجَمع ← جَمَعَ بَينَ ، يَجمَع بين ، الجَمع بين

*** بعد الندوة، دار بين الاساتذة والباحثين نقاش مثير حول الجمع بين الشعور القومي والإيمان الديني.**

الحَكَواتي ← حَكى (حَكَيْتُ) ، يَحْكي ، الحِكاية (لِـ)

*** ابنُنا لا ينام إلاّ إذا حكينا له حكاية قبل النوم.**

← حِكاية ج. -ات

*** تُرجمت مجموعة كبيرة من الحكايات الشعبية العربية الى اللغات الاوروبية.**

← احكِ / احْكي / احكوا

*** هل أعجبتكم المسرحية التي رأيتموها؟ احكوا لي عنها!**

حال ج. أحوال ← حالِيّ

*** لا توجد عندنا وظائف في الوقت الحالي. إذا صارت عندنا أية وظائف فسنتّصل بك فوراً.**

← حالاً ، في الحال

*** أنا مضطرة أن آخذ هذه الرسالة الى مكتب البريد ولكن سأرجع في الحال.**

خَرَجَ ، يخرُج ، الخُروج ← أُخْرُج!/أُخرُجي!/أُخرُجوا!

*** أُخرج من هنا! لا أريد أن أرى وجهك!**

رِواية ج. -ات ← رَوى (رَوَيْتُ) ، يَروي ، الرِّواية

*** كان الحكواتي يجلس ليلاً في المقهى ويروي القصص والحكايات الشعبية.**

← راوٍ /(الـ)راوي ج. رُواة

*** من المهم في النقد الأدبي الحديث أن تحدد صوت الراوي أو الراوية في العمل الأدبي.**

سيرة (ذاتية) ج. سِيَر ← سارَ (سِرتُ) ، يَسير ، السَّيْر (إلى)

*** تجمّع آلاف من الناس في ساحة بيروت وأخذوا يسيرون الى البرلمان تأييداً للمعارضة.**

المصدر ← مَصْدَر ج. مَصادِر

*** قالت مصادر إسرائيلية رسمية إنّ الاجتماع الذي تمّ في القدس كان على مستوى عالٍ جداً.**

بالإضافة إلى (أنّ) ← أضافَ (أضَفتُ) ، يُضيف ، الإضافة (إلى) (أنّ)

* أوضح المتحدث باسم الحكومة الموقف الرسمي من مطالب الاتّحاد العُمالي وأضاف أن رئيس الوزراء سيناقش ذلك في مؤتمر صحفي في الاسبوع القادم.

عبد الله ← عَبْد ج. عَبيد

* عرف العالم الإسلامي العبيد عُمّالاً وعساكر وخُدّاماً. وأُحضر هؤلاء العبيد من أوروبا وآسيا الوسطى بالإضافة الى إفريقيا.

أُعجِبَ بـ

* أعجبت بالفيلم كثيراً من حيث تصوير الشخصيات ومستوى التمثيل وجمال الصوت والصورة.

← عَجيب

* قرأت رواية عجيبة تدور أحداثُها حول الحرب اللبنانية .

قابَلَ، يُقابِل، المُقابَلة ← قَبَّل ، يُقَبِّل، التَّقبيل

* من العادات الشرقية أن يقبّل الأقارب والأصدقاء من نفس الجنس بعضهم البعض مرتين أو ثلاث.

← قُبْلة ج. قُبُلات

* من غير المعتاد في المجتمعات العربية أن يتبادل الزوجان القبلات أمام الآخرين.

قَبل ← مُقْبِل

* سيفتتح المسرح الجديد في الاسبوع المقبل بتقديم مسرحية كوميدية جديدة.

قَدَّمَ ، يُقَدِّم، التَّقديم (إلى) ← مُقَدِّمة ج. -ات

* تقول الكاتبة في مقدّمة كتابِها الجديد إنّ الانتقادات التي كُتبت عنها لا تهمّها. وإنّها مقتنعة بموقفها الفكري .

كامِل ← أكْمَلَ ، يُكمِل ، الإكمال

* حاولت أن أكمل شغلي ليلة أمس ولكن يبدو أني تعبت ونمت فوق الطاولة!

نَقَلَ، يَنْقُل، النَقْل ←

* تمّت ترجمة الفلسفة الإغريقية القديمة ونقلها من اللغة اليونانية القديمة الى العربية على مراحل على أيدي مجموعة من المسيحيين الذين كانوا يعرفون اللغتين.

نام ، ينام ، النَوم ← نائِم ج. -ون

* كنت نائمة لمّا سمعت ضجةً عالية تأتي من خارج البيت، وكأنها صوت طائرات حربية.

وَضَع ، يضَع ، الوَضع

* يُعتبر سيبويه العالِم اللغوي الذي وضع قواعد اللغة العربية وإن لم يكن أول مَن كتب في الموضوع.

يا = أيُها (مؤنث: أيَّتُها)

* أيُّها الناس! يجب أن ترفعوا أصواتكم وتطالبوا بحقوقكم !

من القاموس

أذِنَ لـ بـ ، يأْذَن لـ بـ ، الإذْن لـ بـ

* هل تأذَنين لي بأن أجلس إلى جانبك؟

عن إذنك / بالإذن

* عن إذنك. عندي موعد مهم لا أريد أن أتأخر عنه.

أمَرَ ، يأمُر ، الأمْر (بـ) (أنْ)

* تستطيع أن تأمُرَني بالموافقة على المشروع إذا أردت ولكني شخصياً أرى أنه لن ينجح.

أمْر ج. أوامِر

* لا أفهم لماذا تتكلمين معنا بهذا الشكل كأنك سلطانة وكأنّ كلامَكِ كلّه أوامر!

بَغْل / ة ج. بِغال

* ما زلنا نرى البغال تُستخدم في الأسواق الشعبية ليس فقط في الريف ولكن أيضاً في بعض المدن الكبيرة.

جَزّار ج. -ون

* أفضّل أن أشتري اللحم من دكّان الجزار ولا أحبّ اللحم المثلّج.

جِنّيّ / ة ج. جانّ

* اختيار الممثل "روبن ويليامز" ليقوم بتسجيل صوت الجني في فيلم "علاء الدين" كان فكرة عبقرية. فهو كان جنياً فريدا من نوعه!

الجِنّ

* يؤمن كثير من الناس بأنّ الجنّ يسكنون الأرض معنا وأن هناك جناً أصدقاء للإنسان وجناً أعداء له.

خَلَصَ من ، يُخَلِّص من ، التَّخليص من

* حاول كل الأقارب والأصدقاء أن يُخلّصوها من حالة الحزن الشديد التي تعيشها وتمرّ بها. ولكنهم فشلوا جميعاً.

خانَ (خُنتُ) ، يَخون ، الخيانة

* صحيح أنّ الخيانة الزوجية تُنتقد في معظم مجتمعات العالم. ولكن معظم الناس يقبَلون خيانة الرجل أكثر مما يقبلون خيانة المرأة.

خَيال

* يقوم مسلسل "ستار تريك" على الخيال ويصوّر لنا شخصياتٍ وأحداثاً رسمَها الخيال الواسع للكاتب التليفزيوني "جين رودنبيري".

خَياليّ

* تعالج روايته الجديدة رحلة خيالية الى القرون الوسطى حيث يتعرّف على شخصيات تاريخية وعلمية بارزة أمثال هارون الرشيد وابن سينا.

تَرَدَّدَ في ، يَتَرَدَّد في، التَّرَدُّد في

* سافرتُ الى الأردن. وفي البداية تردّدت في الاتّصال بأقارب أبي لأني لا أعرفهم. ولكن أخيراً تشجّعت واتّصلت بهم. وهم دعوني الى بيتهم.

سَحَرَ ، يَسْحَر ، السِحْر

* تدور أفلام "هاري پوتر" حول شباب يتعلّمون السحر وأعدائهم الذين يحاولون أن يسحَروهم.

السِحْر

* كان الناس في عصور ما قبل التاريخ لا يفرّقون بين الطبّ والسحر.

سَكَتَ ، يَسْكُت ، السُكوت (عن)

* عندما أخبرني أنّ تصرّفاتي معه غير مقبولة سكتّ لأني ما كنت أريد أن أدخل في مناقشة معه.

سَلّى (سَلَّيْتُ) ، يُسَلّي ، التَسْلية

* كان التليفزيون يسلّيني ولكن الآن أصبحت أفضل تسلية الانترنيت.

مُسَلٍّ / (الـ)مُسَلّي

* أعجبني الفيلم ووجدته مسلّياً جداً خصوصاً وأنّ التصوير والتمثيل كانا على مستوى عالٍ جداً.

صارَ (صِرتُ) ، يَصير

* ما شاء الله! آخر مرة رأيتُ ابنك فيها كان عمرُه عشرَ سنوات والآن صار رجلاً!

صارَ (صِرتُ)

* شعرت أني لا أدرس المفردات بشكل كاف، ولذلك صرت أخصّص ساعة يومياً لهذا.

ضَحِكَ ، يَضْحَك ، الضَّحِك (من/على)

* حاولوا أن تضحكوا أكثر في حياتكم، فالضَّحِك علاج فعّال للمشاكل.

طَرَدَ ، يَطْرُد ، الطَّرْد (من)

* طردونا من المكتبة بسبب الضجة التي أثرناها.

عَجِلَ ، يَعْجَل ، العَجَلة

* يقول المثل العربي "العَجَلة من الشيطان" وهذا يعني أنك إذا عجِلتَ في عمل اي شيء فقد تفشل فيه.

عَروس ج. عَرائِس

* في الاحتفالات المغربية بالزواج تلبس العروس عدداً من الفساتين الجميلة، وتغيّر ملابسَها عدّة مرات خلال الاحتفال.

تَعَرَّضَ لِـ ، يَتَعَرَّض لِـ ، التَّعَرُّض لِـ

* أشعر أنني سأتعرّض لانتقاد شديد إذا عبّرت عن أفكاري.

أعْطى (أعطَيْتُ) ، يُعْطي ، الإعْطاء (لِـ)

* لن أغيّر موقفي ولن أؤيّد هذا القانون حتى لو اعطَوني مليون دولار!!

غَطّى (غَطَّيْتُ) ، يُغَطّي ، التَغْطية

* كانت تشاهد الفيلم مع ابنها ورأت أنّ حادثاً خطيراً سيقع في الفيلم، فغطّت عينيه حتى لا يشاهدَه.

فَرِغَ من ، يَفْرَغ من ، الفَراغ من

* الحمد لله! أخيراً فرغتُ من إصلاح الشقة وأستطيع الآن أن أرجع اليها وأبيت في سريري!

قَدَرَ على ، يَقْدُر على ، القُدْرة على (أنْ)

* لا أعرف لماذا تشعر أنها لا تقدُر على تولّي منصب رئاسة الجمعية لأنها من أذكى الناس الذين أعرفهم.

كَرامة

* آسف، كرامتي لا تسمح لي بمقابلتك بعد أن هاجمتَني بكلامِكَ العنيف.

كَلْب ج. كِلاب

* وقعت بينهما مشكلة فهو يحب الكلاب كثيراً وهي ترفض أن تعيش في البيت مع كلب.

لَذيذ / ة

* الوجبة التي تناولناها في المطعم الياباني الجديد كانت لذيذة جداً!

نَسِيَ (نَسيتُ) ، يَنْسى ، النِسيان (أنْ / أنّ)

* دقيقة – من اللازم أن أسجّل تاريخ الموعد قبل أنْ أنساه.

انْتَقَمَ من ، يَنتَقِم من ، الانتِقام من

* في البداية أردت أن أنتقم من قائد السيارة التي قتلت أختي ولكني اقتنعت فيما بعد أنّ الانتقام لن يُرجع أختي الى الحياة.

وَهَبَ لـ ، يَهَب لـ

* صحيحٌ أنها عاشت حياتها فقيرة، ولكنها وهَبت حياتَها للفنّ وحققت ما كانت تتمنّاه.

هِبة ج. -ات

* قدّمت السعودية هبات ماليةً كبيرة الى الحكومة السودانية لمساعدتها على القيام بعدد من المشاريع الزراعيةوالصناعية.

تمرين ٢ **تصريف فعل "أعطى"**

١- أعطَيتُكَ

٢- أعطَتني

٣- يُعطيَني ، أعطاني

٤- تُعطين

٥- أعطَتها

٦- أعطَوني

٧- تُعطونا

٨- نُعطيَهم

٩- أعطاني

١٠- يُعطون

تمرين ٣ **وزنا "فَعَلَ" و"أفعل"**

أ –

١- (أ) تَمَّ
(ب) أتممتُ/أتممنا

٢- (أ) بقيتُ
(ب) أُبقيَ

٣- (أ) صدرت
(ب) أصدرت

ب –

١- أدخَلَني

٢- توصِلَني

٣- أسكَتوني

٤- أنستَتني

٥- تُضحِكني

٦- تُلبِسَ

٧- أبلَغكم

تمرين ٤ **ما معنى هذا؟**

أ

١- سأروي

٢- سارت

٣- صاروا

٤- أذنت

٥- فرغنا

٦- أقدر

٧- حالاً / في الحال

ب

٨- سكت

٩- ممتع

١٠- أعطاها

١١- نسيت

١٢- خيالية

١٣- أكمل / فرغ من/أتمّ

١٤- المقبلة

تمرين ٥ **المفردات الجديدة**

١- ب. خيالية
٢- د. تأمر
٣- د. نسيت
٤- ب. مصدر
٥- ب. عجيبة
٦- أ. الجمع بين
٧- أ. لذيذ
٨- جـ. يخلّص
٩- أ. يضحكون
١٠- د. غطّى
١١- ب. التّسلية
١٢- أ. نقبّل
١٣- د. عجلة
١٤- جـ. أكمل
١٥- ب. سمعنا

تمرين ٦ **الاسم المنقوص**

١- مُسَلّياً
٢- الباقي
٣- الراوي
٤- مُغَطّياً
٥- ناسياً

تمرين ٧ **المفردات الجديدة**

١- الجزّار
٢- إذن
٣- أمّة
٤- يخون
٥- كرامتي
٦- للانتقام
٧- الكلاب
٨- طرد
٩- العبيد
١٠- وهبت
١١- السحر
١٢- الجنّي
١٣- تردّدت
١٤- إبقائه

تمرين ١٠ **نشاط استماع** **سيرة بني هلال**

هي قصة شعبية طويلة ذات شهرة واسعة في كل أنحاء العالم العربي وتُعَدّ من أغنى السِّير الشعبية التي ما تزال حيّة بين الناس الى يومنا هذا.

تدور السيرة، كما يدل اسمها، حول بني هلال، احدى القبائل العربية المشهورة، وتحكي لنا قصة هجرتهم من اليمن الى نجد في الجزيرة العربية ثم الى مصر ابتداءً من القرن الخامس للهجرة، وتصوّر كذلك الصراع الذي قام بينهم وبين الفاطميين في مصر ثم اضطرارهم الى الرحيل من مصر الى المغرب، حيث استقرّوا اخيرًا وتسمى هذه المرحلة من تاريخهم بـ«التغريبة» .

والسيرة تروي لنا الأحداث التي مرّ بها بنو هلال والحوادث التي تعرضوا لها خلال رحيلهم، وتركز بشكل خاص على الصراع الذي قام بينهم وبين الزناتي خليفة حاكم تونس في ذلك العصر والذي انتهى بقتله على يد الأمير الهلالي دياب بعد ان خانته ابنته سعدة وساعدت الهلاليين بسبب حبها للأمير دياب .

واذا كانت السيرة تقوم أصلاً على بعض الحقائق التاريخية فإن الخيال الشعبي قد طوّرها واضاف اليها الكثير. ولعلّ احد الاسباب الرئيسية لاهتمام الناس بالسّيرة واستمتاعهم بها هو انها تجمع بين الحكاية والشعر والموسيقى وتروى على لسان الحكواتيين والرواة في المقاهي والاحتفالات والأعياد والمناسبات مما جعلها واحدة من مصادر التسلية والامتاع.

وللسيرة عدة نصوص مطبوعة ومخطوطة ومروية، وقد اهتم الباحثون والمستشرقون بدراستها وجمع رواياتها الشفوية وكذلك اقيمت عدة مؤتمرات وندوات لبحث مختلف جوانبها الفنية والثقافية والأدبية .

تمرين ١٦ **الأمر**

ساعِد/ي/وا	اِشرَب/ي/وا	اِحتَرِم/ي/وا
قَدِّم/ي/وا	حاوِل/ي/وا	أَحضِر/ي/وا
قُل/قولي/قولوا	امشِ/اِمشي/اِمشوا	اِبحَث/ي/وا عن
ضَع/ي/وا	اِضحَك/ي/وا	اِستَخدِم/ي/وا
دَخِّن/ي/وا	اِنتَظِر/ي/وا	ناقِش/ي/وا
أَتِمّ/ي/وا	اِجلِس/ي/وا	اِستَمِرّ/ي/وا

تمرين ١٩ **ما التعجّبية**

١. ما أعلى صوت الأطفال!
٢. ما أسعَدَني هذه الأيام!
٣. ما أمتَعَ هذا المسلسل!
٤. ما أغنى عائلتها!
٥. ما أعجَبَ قصة التاجر والجني!
٦. ما أغلى جامعتنا!
٧. ما ألَذَّ المأكولات العربية!
٨. ما أشَدَّ البرد في الجبال!
٩. ما أخطَرَ كلبهم!
١٠. ما أطيَبَ الكنافة!

تمرين ٢٣ **نشاط استماع: مسرح سعد الله ونّوس من تليفزيون الشارقة**

جـ ـ ١. «في المرحلة الأخيرة، يعني في العشر سنوات الأخيرة توسع البرنامج الإعلامي لدى الدول العربية بصورة مثيرة للخوف، هذا البرنامج الذي أصبحت تخدمه عشرات قنوات التليفزيون ومئات الصحف والمجلاّت.»

٢. «كما رأس تحرير مجلة الأطفال السورية «أسامة» وأشرف على إدارة الحركة المسرحية في سوريا عبر مديرية المسارح والموسيقى.»

٣. «فهو في بداياته كان مظهرًا وتعبيرًا ومشاركة في الوقت نفسه عن النهضة التي بدأت تظهر ملامحها منذ منتصف القرن التاسع عشر وحتى أوائل القرن العشرين وهذه الفترة التي اتفق على تسميتها بـ «عصر النهضة». في هذا العصر، حينما بدأنا نعرف فنوناً جديدة وبدأنا نبدع أفكاراً جديدة ونحاول معرفة أنفسنا وموقعنا من التاريخ في هذا العالم»

العامية

"الأدب مالوش مستقبل!"

خالد : تشربي قهوة ولاّ شاي؟
مها : لا شكراً.

خالد : انا حاشرب قهوة – تشربي ايه؟
مها : ماشي – اشرب قهوة.
خالد: السكر ايه؟ مظبوط ولاّ زيادة؟
مها : زيادة. وانت؟
خالد : انا باحب اشربها سادة.
مها : من غير سكر – زي بابا.
خالد : عايزة تشتغلي مترجمة زي عمي محمد؟
مها: طبعاً لا.
خالد: ليه؟
مها: مش عايزة – نفسي اعمل حاجة مختلفة خالص عن بابا وماما.
خالد: زي ايه مثلاً؟
مها: مش عارفة بالضبط.
خالد: انتي سعيدة في دراسة الأدب؟
مها: يعني. دراسة الأدب زي اي دراسة.
خالد: تعرفي انا كان نفسي ادرس أدب.
مها : طيب ليه ما درستوش؟
خالد : بابا رأيه ان الادب مالوش مستقبل وإنّ المستقبل للتجارة!

هـ ـ من أغنية "ألف ليلة وليلة" لأم كلثوم

يا حبيبي ...
الليل وسَماه
ونجومُه وقَمَرُه
قمره وسَهَرُه
وانتَ وانا
يا حبيبي أنا
يا حياتي أنا
كلنّا ... كلنّا في الحبّ سَوا
والهَوى ... آه منُّه الهوى
سهران الهوى
يسقينا الهَنا
ويقول بالهنا :

يا حبيبي
يلّلا نعيش في عيون الليل
ونقول للشمس : تعالي تعالي
بعد سنة
مش قبل سنة
في ليلة حب حلوة
في ألف ليلة وليلة
بكلّ العمر
هو العمر ايه
غير ليلة،
زيّ الليلة ... زيّ الليلة

كلمات : مرسي جميل عزيز
موسيقى : بليغ حمدي

❁ الدرس الثامن ❁

تذكروا وتعلموا:

أَخَذَ ، يأخُذ ، الأخذ ← اتَّخَذَ ، يَتَّخِذ ، الاتِّخاذ

* مشكلة أخي أنه يتردّد كثيراً في اتّخاذ أي قرار ولكنه عندما يتّخذ قراراً لا يتراجع عنه.

أمر ج. أوامر ← أمر ج. أمور

* طالبت بعض الدول الأعضاء في الامم المتحدة بأن يخصّص الاجتماع المقبل للجمعية العامة لبحث ومناقشة الأمور المالية للمنظمة.

بِناية ج. ـات ← بَنى ، يَبْني ، البِناء

* بعد سنوات طويلة من العمل ليل نهار استطاعا أخيراً أن يبنيا بيتاً صغيراً يعيشان فيه بقية حياتهما.

← مَبْنى ج. مَبانٍ / المباني

* هذه مبانٍ عسكرية لا يمكن دخولها إلاّ بإذن من قيادة الجيش.

جَيِّد ← الجَوْدة / الجودة

* تشتهر السيارات اليابانية على اختلاف أنواعها وموديلاتها بجودة الصناعة.

حَضَرَ ← حَضارة ج. ـات

* أثار نشر كتاب "صراع الحضارات" لصموئيل هونتنغتن ضجة كبيرة بين الأساتذة والباحثين في دراسات الشرق الأوسط.

حَمّام ج. ـات ← اِسْتَحَمَّ ، يَستَحِمّ ، الاِستِحمام

* أول ما أقوم به حين أصحو هو أن أستحمّ، قبل أن أفطر أو أشرب القهوة.

خَيْر ← خَيْريّ

* تخصص معظم المؤسسات الدينية جزءًا من أموالها للقيام بأعمال خيرية.

دَخَلَ ، يدخُل ، الدُخول ← تَداخَلَ ، يَتَداخَل ، التَّداخُل

٭ تلك هي واحدة من القصص التي يتداخل فيها الماضي والحاضر بحيث يجد القارئ بعض الصعوبة في فهم ترتيب الأحداث. وهذا مقصود طبعاً.

لذلك = لذا

٭ اكتشفتْ أنه يخونها، لذا قررت طردَه من بيتها وحياتها.

راحة ← اِسْتَراحَ ، يَسْتَريح ، الاِسْتِراحة

٭ شكلك تعبان. ولذلك أظنّ أنه من الأفضل أن تستريح قليلاً قبل أن تستأنف العمل.

شاهد ، يشاهد، المشاهدة ← شَهِدَ ، يَشهَد ، الشَّهادة (على)

٭ شهد التاريخ العربي قروناً طويلة من السلام قطعتها حروبٌ وصراعات عنيفة أحياناً.

طبيعة ← طابَع ج. طوابِع

٭ تغيّرت بيروت كثيراً بعد الحرب اللبنانية الى درجة أنه صار من الصعب أن ترى الطابع العربي الذي كان يظهر فيها بوضوح في الماضي.

طابِق ج. طوابق ← طَبَقة ج. -ات

٭ على الرغم من وجود مناطق سكنية غنية وفقيرة في المدن العربية إلاّ إننا نجد أحيانا أن طبقات اجتماعية مختلفة تسكن قريباً من بعضها البعض في نفس المنطقة.

طريق ج. طُرُق ← عن طَريق

٭ يمكنكم أن تصلوا الى كل ما تريدونه الآن عن طريق الانترنت-حتى شراء المأكولات!

ظَهَرَ ، يظهَر ، الظُهور ← ظاهِرة ج. ظَواهِر

٭ يقول البعض إنّ السبب الرئيسي لظاهرة العنف السياسي هو الأوضاع الاقتصادية الصعبة . في حين يرى آخرون أنها تأتي من صراع بين حضارات الشرق والغرب.

← مُظاهَرة ج. -ات

٭ نستطيع أن نرى درجة مشاركة الشباب في السياسة واهتمامهم بها في المظاهرات التي يقومون بها في الجامعات والساحات العامة.

عَبَّرَ، يُعَبِّر، التَّعبير ← عَبْرَ

٭ سنتفرّق أنا وأصدقائي بعد التخرج ولكن سنحاول أن نبقى على اتّصال عبر الـemail والتليفون.

أُعجِبَ بـ ؛ عجيب ← لا عَجَبَ (أنّ)

٭ لا عجب أنّ قصص ألف ليلة وليلة أعجبت الأوروبيين وأنهم اهتموا بجمعها وترجمتها الى لغاتهم!

عَروس ج. عَرائِس ← عَريس ج. عِرْسان

٭ في نهاية حفل الزواج الأمريكي يقول رجل الدين للعريس: "والآن يمكنك أن تقبّل العروس!"

عَمِلَ ، يعمَل ← عامِل ج. عَوامِل

٭ من العوامل التي لعبت دوراً مهماً في انتشار الإسلام وجود أقليات دينية يهودية ومسيحية شرقية ساعدت المسلمين لأنها لم تكن تؤيّد الامبراطورية البيزنطية.

عِندَما ← عِندَئِذٍ

٭ ظلّت شهرزاد تحكي القصة حتى ظهرت الشمس. وعندئذ فقط. سكتت.

مُقبِل ← أقْبَلَ على ، يُقبِل على ، الإقبال على

* شهدت الولايات المتحدة إقبالاً كبيراً على دراسة اللغة العربية بعد أحداث ١١ سبتمبر ٢٠٠١.

قصير ← اِقْتَصَرَ على ، يَقتَصِر على ، الاقتصار على

* لا يقتصر العنف السياسي على الشرق الأوسط بل هو ظاهرة شهدتها مناطق كثيرة في العالم.

القَواعِد ← قاعدة ج. قَواعِد

* القاعدة التي تشترك فيها كل الأديان هي أنْ تعامل الآخرين كما تحب أن يعاملوك.

كثير ← أكثَرَ مِن ، يُكثِر من ، الإكثار من

* الإكثار من شرب القهوة بهذا الشكل خطير جداً على صحّتك، خصوصاً وانك تدخّن بكثرة أيضاً.

كان ، يكون ← (المصدر:) الكَوْن

* كونك صديقتي لا يعني أني أستطيع أن أخلصك من مشاكلك المالية.

لاحَظَ ← مَلْحوظ / ة

* تقدّمت تكنولوجيا التليفونات في السنوات الماضية بشكل ملحوظ بحيث أننا نقدر الآن على إرسال الرسائل المكتوبة والصور عن طريق التليفون بالإضافة الى الرسائل الصوتية المسجّلة.

نَزَل ، ينزِل ، النُزول ← نَزَلَ في ، ينزِل في ، النُّزول في

* إذا أردتم أن تنزلوا في فندق من الدرجة الاولى فهذا ممكن، ولكنكم ستجدون أيضاً فنادق من الدرجة الثانية رخيصة وجيدة يمكنكم أن تنزلوا فيها.

← مَنْزِل ج. مَنازِل

* هل تريدين أن أبعث لك المقالات على عنوان المنزل أو عنوان المكتب؟

أنشأَ ← مُنْشَأة ، مُنشآت

* كان هدف الحكومة الجزائرية بعد الاستقلال بناء منشآت صناعية لإيمانها بأن هذا سيطوّر الاقتصاد ويرفع مستوى المعيشة.

نَقَلَ ، ينقُل ؛ انتقل ← تَناقَلَ ، يَتَناقَل ، التَّناقُل

* تناقل أهل الحي خبر وفاة جارتهم بحزن شديد.

هَدَف ج. أهداف ← اِسْتَهدَفَ ، يَستَهدِف ، الاِستهداف

* تستهدف اليونسكو رفع مستوى التعليم في البلاد الفقيرة عن طريق تخصيص هبات ومساعدات مالية لها.

مُهِمّ = هامّ ج. -ون

* انتهزت فرصة إقامتي في ولاية جورجيا لزيارة عدد من الأماكن الهامّة في تاريخ الحرب الأهلية الأمريكية.

← هَمَّ ، يَهُمّ ، الهَمّ

* لا يهُمّني الانتقام، كل ما يهمني هو النسيان لأن ما أشعر به هو الحزن وليس الغضب.

وَجه ج. وُجوه ← اِتَّجَهَ الى ، يَتَّجِه الى ، الاتِّجاه الى

* خرجت من مكتب المديرة واتّجهت الى مكتبها وهي تضحك! يا تُرى، ماذا قالت لها المديرة؟

← واجِهة ج. -ات

* قررت وزارة السياحة السورية القيام بإصلاح وتجديد واجهات المباني التاريخية في منطقة باب توما الأثرية.

وَراءَ ← من وَراءِ

* دُهشت من طريقة كلامها ولم أفهم ما الذي قصدتُه من وراء كلامها؟!

وَصَفَ، يَصِف، الوَصف ← اتَّصَفَ بِـ ، يَتَّصِف بِـ

* يتّصف المغرب بجودة المأكولات وجمال المناظر الطبيعية فيه.

من القاموس

أثَر ج. آثار

* ترك الحادث آثاراً على جسمه ستبقى معه كل حياته. كما ترك آثاراً نفسية ستحتاج الى سنوات طويلة من العلاج.

أكَّدَ ، يُؤَكِّد ، التَأْكيد (أنّ)

* أستطيع أن أؤكد لك أنّ تلك القبلة لا تعني أي شيء وأنه لا توجد علاقة بيننا إلا علاقة صداقة.

بِضاعة ج. بَضائِع

* بفضل النقل السريع والمتطور صار من السهل على التجّار أن يشتروا البضائع من جميع بلاد العالم ويأتوا بها الى أسواقهم في زمن قصير.

ثابِت / ة

* من الأفكار غير الصحيحة عن الأسلام أنه نظام ثابت لا يتغيّر. فلا يوجد مجتمع على وجه الأرض لا يتغير ويتطور عبر الزمن.

ثَواب

* يقول بعض مشايخ الصوفية إن المؤمن الحقيقي لا يقوم بعبادة الله للحصول على ثواب منه ولكن للتعبير عن حب الإنسان لله.

ثِياب (جمع)

* ما زال معظم عرب الخليج يلبسون الثياب العربية التقليدية.

جالِية ج. -ات

* توجد جاليات عربية كبيرة في عدة مدن أمريكية كالجالية المصرية في نيوجرزي والجاليات اليمنية واللبنانية والعراقية في ديترويت.

اِحتَوى ، يَحتَوي ، الاِحتِواء (على)

* تحتوي مكتبة الكونغريس الأمريكية على ما يزيد عن ثلاثين مليون كتاب ومطبوع.

خَمر ج. خُمور

* هناك رأي طبّي يقول بأن شرب الخمر بكميات قليلة يمكن أن يكون جيداً للصحة.

ذو (ذا ، ذي) ، (مؤنث:) ذات

* هو أكبر منها بثلاثين سنة ومع ذلك تزوجتُه لأنه ذو مالٍ كثير ومكانة اجتماعية هامة.

* مدينة مراكش في المغرب ذات شهرةٍ واسعة بين الأوروبيين بشكل خاص.

رُكْن ج. أركان

* حرية الفرد والاقتصاد الحر اثنان من أهمّ الأركان التي تقوم عليها المجتمعات المتقدّمة في عالمنا المعاصر.

رائع ج. -ون

* قرأت رواية رائعة ليلة أمس! بدأتها ولم أستطع أن أتركها حتى انتهيت منها.

زِفاف

* دعتني صديقتي الى حفلة زفاف أختها التي ستقام بعد شهر إن شاء الله. ستكون عروساً رائعة الجمال!

اِزْدَهَرَ ، يَزدَهِر ، الازدِهار

* ازدهر الاقتصاد العالمي بعد الثورة الصناعية بفضل التطورات في تكنولوجيا الصناعة وطرق النقل والاتّصال.

سَبيل ج. سُبُل / أسْبِلة

* لا بدّ لنا جميعاً أن نرفع أصواتنا وننادي بالحوار لأنه هو السبيل الوحيد لإنهاء الصراعات.

أشبَهَ ، يُشبِه

* الطبيعة في شمال المغرب تشبه الطبيعة في لبنان من حيث الطقس ووجود الجبال بالقرب من البحر.

شُفِيَ ، يُشفى ، الشِفاء

* إذا شفيت من هذه الانفلونزا قبل يوم الجمعة فسأجي إلى المسرحية وإلاّ فيجب أن أبقى في السرير.

مُستَشفى ج. مُستَشفَيات

* لما أتى الدكتور الى منزلها ورآها على تلك الحالة أمر بنقلها الى المستشفى فوراً.

صابون

* تشتهر مدينة نابلس الفلسطينية بصناعة الصابون منذ قرون طويلة.

ضَمَّ ، يَضُمّ ، الضَمّ

* تضمّ موسوعة *Encyclopedia of Islam* مقالات عن آلاف الموضوعات ذات الصلة بالحضارة والتاريخ والمجتمعات الإسلامية.

عِطْر ج. عُطور

* من العطور التقليدية المستخدمة في العالم العربي البخور والياسمين.

أعْلَنَ ، يُعلِن ، الإعلان

* أعلنت الحكومة أنها تنوي طرد كل العمّال الأجانب الذين لا يملكون الأوراق القانونية اللازمة للإقامة.

إعْلان -ات

* طبعاً الانترنت شيءعظيم يساعد على إيجاد المعلومات والاتّصال بالعالم ولكني لا أحب الإعلانات الكثيرة التي تظهر باستمرار على صفحات الوب!

(فنّ) العِمارة

* تهتمّ صديقتنا أدريانا بفن العمارة، ويتركز اهتمامها بشكل خاص على العمارة الاسبانية والمغربية والعلاقة بينهما.

غَسَلَ ، يَغْسِل ، الغَسْل

* الحمد لله على اختراع الماكينة التي تغسل الثياب والملابس لأن غسلها على اليد يأخذ وقتاً طويلاً وماءً كثيراً!

فاخِر / ة

* كان التجار الكبار وما زالوا يبنون بيوتاً ضخمة فاخرة تُظهر نجاحهم. ومن أفخر هذه البيوت في أمريكا منزل عائلة "روكفيلير" في نيويورك.

أقْصى

* بلغت الدولة العباسية أقصى امتداد لها في القرن التاسع الميلادي.

نَضَجَ ، يَنضُج ، النُضْج

* اُتركوا الطماطم حتى تنضج وتصير حمراء اللون.

ناضِج ج. -ون

* ما يعجبني فيها هو أنها فتاة مثقفة وواعية وناضجة مقارنةً بغيرها من الفتيات.

النَظافة

* هناك حديث عن النبي محمد يقول إنّ "النظافة من الإيمان" ويشجع الناس على النظافة لأن الله يحبها.

نَظيف ج. -ون

* أحاول أن أبقي بيتي نظيفاً ولكن لا أقدر على ذلك في وسط الدراسة والأبحاث والامتحانات!

نَموذَج/نُموذَج ج. نَماذِج

* إذا زرتم متحف السميثسونيان في واشنطن فسترَون فيه نماذج رائعة لفنون الشرق الأوسط والشرق الأقصى.

وَفَّرَ لِـ ، يُوَفِّر لِـ ، التَّوفير لِـ

* توفّر الشركة السكن والعلاج الصحّي والتعليم للأولاد لكل موظفيها العاملين في الخارج.

وَفير / ة

* سيوفّر هذا المشروع للمناطق الغربية كميات وفيرة من الماء تسمح بتطوير النشاط الزراعي فيها بشكل فعّال.

تمرين ١ **المفردات الجديدة**

١. جـ - ظاهرة
٢. ب - يقبلون
٣. أ - طابع
٤. ب - آثارًا
٥. د - أؤكّد
٦. أ - الركن
٧. جـ - رائع
٨. أ - الحضارة
٩. جـ - يضمّ
١٠. ب - الطبقة
١١. جـ - توفير
١٢. أ - ناضجة
١٣. جـ - تشبه
١٤. جـ - عوامل
١٥. جـ - يقتصر
١٦. ب - نظيفة

تمرين ٢ **ما معنى هذا؟**

أ	ب
١. نظيفة	٧. ثابت
٢. زفاف	٨. فاخرة
٣. عبر	٩. شُفيت
٤. تتّصف	١٠. وفيرة
٥. تضمّ	١١. أقصى
٦. نزلوا	١٢. ملحوظ

تمرين ٤ **كيف نقول بالعربية؟**

١- تَأكَّدَ أنّ	٣- تَوَفَّرَ	٥- اِنضَمَّ الى	٧- أثبَتَ أنّ
٢- أنزَلَ	٤- نَظَّفَ	٦- أراحَ	

تمرين ٦ **ذو/ ذات**

١- ذي	٣- ذاتُ	٥- ذو	٧- ذي
٢- ذا	٤- ذاتُ	٦- ذاتُ	

تمرين ٨ **المفردات الجديدة**

١- يبني	٥- خيريّ	٩- الشفاء	١٣- عبر/عن طريق
٢- الاستحمام	٦- التداخل	١٠- تُكثِر	١٤- نموذج
٣- المبنى	٧- البضائع	١١- اتّخذت	١٥- جودتها
٤- ملحوظ	٨- الخمر	١٢- العطور	١٦- الإعلانات

تمرين ١٧ **نشاط استماع:** **اليهود في الأندلس**

في شبه جزيرة ايبيريا التي تضم حالياً اسبانيا والبرتغال عاش اليهود زمنا طويلا قبل الفتح الاسلامي اي قبل عام ٧١١ م. وعلى الرغم من عددهم الكبير ونشاطهم الاقتصادي الملحوظ في تلك الفترة فانهم كانوا يتعرضون لألوان من الظلم، وكانت الكنيسة في ذلك الوقت تحاول توجيههم الى المسيحية بالطرق السلمية أحيانا وبالعنف أحيانا أخرى.

ولكن حال اليهود تغير مع قدوم الفتح الاسلامي في بداية القرن الثامن الميلادي، وتذكر بعض المصادر التاريخية ان اليهود ساعدوا المسلمين في فتحهم للأندلس ورحبوا بمجيئهم. وحين وصل طارق بن زياد قائد الجيش الاسلامي الى مدينة طليطلة أبقى لمن بقي فيها من المسيحيين على كنائسهم وحفظ لليهود معابدهم. وقد واصل الحكام المسلمون بعده سياسة السماح لليهود بحرية العبادة شرط ان يدفعوا الجزية، واتصفت معاملة المسلمين لليهود بالتساهل على العموم إلا في زمن الموحدين والمرابطين الذين تشددوا كثيرا في معاملتهم.

وهكذا، فقد وجدت جاليات يهودية في معظم المدن الاندلسية، وقد ازدهرت هذه الجاليات فيما بعد وظهرت بينها شخصيات بارزة تولت مناصب كبيرة في الدولة في ذلك الوقت، مثل منصب الوزير ومنصب طبيب القصر ومنصب المترجم الرسمي. واشتهر منهم حسراي بن شبروط الوزير الطبيب الذي أسس في قرطبة مركزا للدراسات التلمودية، وموسى بن ميمون الطبيب الفيلسوف الذي ترجمت كتاباته الى عدة لغات. وشجعت حياتهم المزدهرة كثيرين من يهود المشرق والمغرب على الهجرة الى الاندلس، فـاتّجه بعضهم الى التأليف في الفقه اليهودي وقامت على ايديهم مدرسة قرطبة التلمودية التي أصبحت مركزا للدراسات والباحثين في تاريخ اليهود وشريعتهم.

لا عجب إذن ان نرى المؤرخ اليهودي فاجولا يقول انه لم يحدث طوال العصور الأولى وحتى آخر القرون الوسطى ان حقق اليهود ذاتهم في بيئة غير يهودية كما فعلوا في اسبانيا، وان نجد الوزير الاسرائيلي السابق ابا ايبان يذكر انه على امتداد التاريخ كله لم يعرف اليهود درجة من الازدهار وتحقيق الذات سوى مرتين مرة في الولايات المتحدة الامريكية اليوم ومرة في الاندلس الاسلامية منذ قرون.

تمرين ١٩ **ما .. من**

١. وصف ابن بطوطة كل المناظر العجيبة التي رآها.

٢. يجد الزائر في القاهرة كل النشاطات الثقافية التي يريدها.

٣. على الرغم من كل النصائح التي أعطيتها لها فإنها فشلت.

٤. تمرّد على كل الأفكار والتقاليد التي كان أهله يتّبعونها.

٥. أُعجبتُ كثيرًا بكل البضائع والمُنتَجات التي عندهم.

٦. رغم كل المدارس التي بنتها الحكومة فإنّ عدد التلاميذ يزيد عن الأماكن المتوفرة.

٧. من الصعب أن تتوحّد الجالية العربية في أمريكا بسبب كل الجنسيات التي تضمّها.

تمرين ٢٠ **أوزان الفعل ومعانيها**

٩. أستوضِح	٥. تَعَطَّرَت/تتعطّر ، تَجَمَّلَت/ تتجَمَّل	١. تُنَشِّط
١٠. يُساوي	٦. انقَسَمَ	٢. أدهشَنَي
	٧. يُحزِنُنا	٣. يَتَعارَض
	٨. يَبتَعِد	٤. اتّفَقَ

تمرين ٢٤ **نشاط استماع: "العمارة المدنية في الحضارة العربية" من التليفزيون المصري**

ب ــ ١ــ أــ « بعض الأسواق كانت شاملة تعرض فيها البضائع على اختلاف أنواعها وأسواق اخرى كانت متخصصة لبيع أنواع معينة من البضائع»

ب ـ «وكانت لأسواق الخيّاطين والعطّارين مكانة خاصة مع اختلاف العصور.»

جـ ـ «وما يُقدَّم فيه من خدمات صحّية»

د ـ «يعتبر قصر عمرة في الأردن مثالاً للقصور الصحراوية التي كانت تستخدم كاستراحة وحمام أثناء رحلات الصيد. يمتاز هذا القصر بأن جميع حوائطه الداخلية كانت مغطّاة بالصور الملوّنة الرائعة التي تمثل جوانب من رحلات الصيد وصوراً لرجال ونساء متأثرة ببقايا الفنون البيزنطية. بتقدم العصور وامتداد الحضارة العربية في اتجاه المشرق والمغرب وامتزاجها بحضارات سابقة تطورت القصور من حيث الوظيفة والمظهر واختلفت أشكالها ومع ذلك فقد بقيت العناصر الرئيسية للقصور العربية متماثلة.»

تمرين ٢٥ **نشاط استماع: "صور من تاريخ دمشق" من التلفزيون السوري**

ب ــ ٣ــ أــ «ففي العهد الروماني كانت دمشق أول المدن العشر (الديكابوليس) الأكثر أهمية وحصلت على الكثير من الرعاية والامتيازات وبخاصة في أيّام أسرة القياصرة السوريين أسرة سيفيروس. أما في العهد البيزنطي فقد أُنشئ العديد من الكنائس والأديرة الهامة التي لا يزال أكثرها قائما حتى الآن».

ب ـ «وحين جاء عهد الاستقلال عام ١٩٤٦ بدأت دمشق تستعيد مكانتها كمركز إشعاع قومي وحضاري للوطن العربي حتى سمّيت بحق «قلب العروبة»».

جـ ـ «ويعود تاريخه الى عام ١٨٦٣ خلال العهد العثماني وحكم السلطان عبد الحميد الذي سمّي السوق باسمه. وحوانيت [دكاكين] السوق تشتهر بجميع أنواع البضائع ولاسيما الملابس والأقمشة والحلويات والصناعات التقليدية».

العامية

"أنا فاضي النهاردا"

خالد: صباح الخير يا مها .
مها: صباح النور يا خالد .
خالد: برنامجك ايه النهاردا ؟
مها: مش عارفة .. بابا وماما رايحين يزوروا اصحابهم .
خالد: وانتي رايحة معاهم ؟
مها: مش عايزة .. بس ..
خالد: بس ايه .. انا فاضي النهاردا .. تحبي تروحي فين؟
مها: زي ما انت عايز.
خالد: ايه رأيك نروح خان الخليلي؟
مها: والله فكرة حلوة قوي! دقيقة واحدة استأذن ماما وكمان آخد منها فلوس، عشان يمكن اشتري شوية حاجات.
خالد: لا! أنا معايا فلوس!
مها: شكراً يا خالد .. دقيقة واحدة اقول لماما.

❁ الدرس التاسع ❁

تذكّروا وتعلّموا :

أثَر ج. آثار ← أثَّرَ في/على، يُؤَثِّر في/على، التَأثير في/على

* **أثّر الحكم العثماني الطويل على المنطقة العربية الممتدّة من العراق الى الجزائر في العِمارة واللغة بالإضافة الى نظام الحكم وتوزيع الأراضي الزراعية.**

أساسي ؛ أسَّسَ ← أساس ج. أُسُس

* **الأسس التي قامت عليها الثورة الفرنسية هي الحرية والأخوّة والمساواة.**

مَجموعة ج. -ات ← جَماعة ج. -ات (من)

* **وزّعنا العمل فيما بيننا بشكل متساو. فكانت هناك جماعة تقوم بغسل الثياب وتنظيف البيت. وجماعة اخرى تتولى شراء المأكولات وإعداد الطعام.**

← الجَماعات الإسلامية

* **على الرغم من محاولات الحكومات لوقف نشاطات الجماعات الإسلامية. فإنّ تأثيرَها يزداد قوةً. بل إنّ هناك جماعات جديدة تؤسَّس وتنظَّم بشكل مستمرّ.**

جَواز سفر ← جازَ، يَجوز، الجَواز (لِـ ، أنْ)

* **في معظم دول الخليج. لا يجوز لك أن تدخل بالخمر والكحول حتى إذا كنت أجنبياً.**

حَدَّدَ ← حَدّ ج. حُدود

* **ما زالت بعض الدول العربية تختلف مع جيرانها على رسم الحدود بينها.**

← مَحْدود

* **صحيح أنه لم يبقَ هناك سوى عدد محدود من المباني الفاطمية والأيوبية والمملوكية في مصر. ولكنها تقدّم لنا أمثلة ممتازة عن العمارة الإسلامية الفاخرة.**

حضر ، يحْضَر ← الحاضِر

* **أقيمت ندوة لمناقشة كتابة التاريخ العربي بين الماضي والحاضر قُدّمت فيها أبحاث عن مؤرخين قدماء ومعاصرين.**

اِحتلّ، الاِحتِلال ← مَحَلّ ج. -ات

* أين كنتِ؟ بحثت عنكِ في كل المحلاّت التي تجلسين فيها عادة ولم أجدك!

← مَحَلّيّ

* محطّات التليفزيون الأمريكي تغطّي الأخبار المحلّية بشكل جيّد ولكنها، في رأيي، لا تخصّص وقتاً كافياً لأخبار العالم خارج أمريكا.

اِحتاجَ، يَحتاج إلى، بحاجة إلى ← حاجة ج. -ات (إلى)

* لا حاجة لي إلى هذه الثياب القديمة، ولذلك قررت أن أعطيَها الى إحدى المؤسسات الخيرية.

حال ج. أحوال ← حالة ج. -ات

* الوضع السياسي في الخليج العربي غير مشجّع عموماً، إلاّ أنّ دبي تمثّل حالة خاصة وفريدة، فالفنادق الفاخرة والأسواق الضخمة فيها جعلتها مركزاً ذا نشاط سياحي واقتصادي ملحوظ.

← تَحَوّلَ الى، يَتَحَوّلُ الى، التَّحَوُّل ال

* بدأت المظاهرة بشكل سلمي ولكنها تحوّلت فيما بعد الى صراع عنيف بين البوليس والشعب وقُتل فيها أربعة أشخاص.

خاص ← خَصائِص (م. خاصِّيّة)

* هناك عدّة خصائص تميّز مديرة مكتبنا عن المديرين الآخرين، منها قدرتها على القيادة واهتمامها بالتواصل مع الموظّفين.

خُطبَت لـ ← خاطَبَ ، يُخاطِب ، المخاطبة

* سيخاطب الرئيس شعبه من القصر الجمهوري مساء اليوم، ومن المنتظر أن يقتصر خطابه على مناقشة الأحوال الاقتصادية في الوقت الحاضر.

← خِطاب

* ما رأيكم في الخطاب السياسي في الوقت الحاضر؟ ألا تظنّون أنه محدود جداً ولا يتناول المشاكل الحقيقية التي تواجهنا؟

اِختَلَفَ عن/مع ← خالَفَ ، يُخالِف، المُخالَفة

* احترم صديقنا كثيراً لأنه خالف العادات والتقاليد وسمح لبنته أن تترك البيت وتعيش في مدينة اخرى حتى تكمل تعليمها وتحصل على الدكتوراه.

دَرَجة ج. -ات ← (اللغة) الدارِجة

* كان جمال عبد الناصر أول مَن استخدم اللغة الدارجة في الخطابات السياسية لإثارة عواطف الناس، وكان ناجحاً جداً في ذلك.

زادَ، يَزيد، الزِيادة ← اِزدادَ ، يَزداد ، الاِزدياد

* ازداد عدد الجاليات العربية في ولاية ميشغان بشكل كبير مع التوسع في صناعة السيارات، لأن شركة فورد أحضرت أعداداً ضخمة من اليمنيين للعمل في مصانعها في ديترويت.

سُؤال ← تَساءَلَ ، يَتَساءَل ، التَساؤُل (عن)

* أتساءل أحياناً كيف كانت حياتي ستكون لو لم أختر التخصّص بالعربية!

← مَسأَلة ج. مَسائِل

* **بالنسبة لمسألة السكن. أقترح أن تبني الجامعة مباني جديدة تضم أربعة أو خمسة طوابق وأن تكون على شكل شقق حتى يرغب الطلاب في العيش فيها.**

بسُرعة ← سَريع

* **سيركّز المؤتمر على مناقشة التطور السريع الذي شهدته بلدان الخليج العربي في السنوات الأربعين الأخيرة والقضايا الاقتصادية والاجتماعية ذات الصلة بهذا التطور.**

الحمد لله على السَلامة ← سَليم

* **طبعاً الرياضة مهمة! ألا تعرف المثل الذي يقول إنّ "العقل السليم في الجسم السليم"؟!**

صِحّة ←

* **هل يمكنك أن تساعدينا؟ نحن غير متأكّدين من صحّة الطريقة التي نتّبعها في تحضير التبولة، وأنت متخصصة في أمور السلطات!**

مَطعَم ؛ طَعام ← طَعْم

* **بالنسبة لي هذا الأكل ليس له طعم! أفضل الأكل الحارّ كالكاري ذي الطعم اللذيذ.**

← طَعَّمَ بـ ، يُطَعِّم بـ ، التَّطعيم بـ

* **تحسنت صحة الأطفال بشكل ملحوظ منذ بدأوا يطعّمون الحليب بالفيتامين "دي".**

طَلَبَ ؛ طالَبَ بـ ← تَطَلَّبَ ، يَتَطَلَّب، التَّطَلُّب (من)

* **يتطلّب العمل في المؤسسات غير الحكومية قدرة كبيرة على التعامل مع البيروقراطية الحكومية.**

عبارة ج. -ات = تَعْبير ج. تَعابير (عن)

* **هذه المجموعة من الكلمات والتعابير يقتصر استخدامها على الطبقات غير المثقفة فقط.**

تَعديل ج. -ات ← مُعْتَدِل ج. -ون

* **بدأت تظهر في مصر أخيراً بعض الحركات الإسلامية التي تقول إنها معتدلة، مثل حزب الوسط، الذي يدعو الى الديمقراطية.**

العربية ← عَرَّبَ، يُعَرِّب، التَّعريب

* **قد يبدو غريباً أن نتكلم عن "التعريب" في بلاد يتكلم أهلها باللغة العربية ولكننا نعني بذلك تعريب التعليم الثانوي والجامعي الذي ما زال يتمّ باللغتين الانكليزية والفرنسية في بعض البلاد العربية.**

عامّ ← عامّة الناس

* **يهتمّ مخرجو السينما بما يقوله نُقّاد الأدب والفنّ، ولكن الشركات السينمائية الكبرى تهتمّ فقط بآراء عامة الناس.**

← عَمَّمَ ، يُعَمِّم ، التَّعميم

* **عندما ندرس ثقافة غير ثقافتنا يجب أن نتذكر أن التعميم قد يساعدنا على فهم بعض الأشياء ولكن من المهم أن نحاول ألاّ نتوقف عند حدود التعميمات.**

عمل ← عَمَليّ

* **طبعاً عندي أحلام أتمنّى أن أحققها في المستقبل ولكن الآن أريد أن أضع لنفسي أهدافاً عملية محدّدة أستطيع أن أحققها هذه السنة.**

غالٍ/الغالي ← غالى ، يُغالي، المُغالاة (في)

* المقابلة التليفزيونية مع قائد الجيش السابق كانت جيدة عموماً ولكني أرى أنه غالى في وصف الدور الذي قام به في الثورة.

غَير ← من غَيرِ (أنْ)

* عندما تزوج جدي وجدتي في بدايات القرن العشرين كان من العادات والتقاليد أن يتزوج الشاب من غير أن يرى زوجته. أي أنّ العريس والعروس كانا يتعارفان ليلة زفافهما.

تَفرَّقَ،يَتَفرَّق ← فَرْق ج. فُروق (بين)

* الفرق بيني وبينك هو أنني أهتمّ بجودة عملي. أما أنت. فتفكّر فقط في الانتهاء منه في أسرع وقت ممكن.

الفُصحى ← الفَصاحة

* في الماضي كانت الفصاحة واحدة من الخصائص التي تميّز السياسيين. أما الآن. فلا أحد يهتمّ بجودة التعبير أو جمال اللغة في الخطاب السياسي.

← فَصيح ج. فُصَحاء

* أعتبر الدكتورة حنان عشراوي من أفصح النساء العربيات اللواتي أعرفهنّ وأتمنّى أن تعطى فرصاً أكبر للمشاركة في العمل السياسي الفلسطيني.

فَصل ج. فُصول ← تَفْصيل ج. تَفاصيل

* احكوا لنا عن قصة رحلتكم بكل التفاصيل، ولا تنسوا أي شيء !

فَقير ج. فُقَراء ← اِفْتَقَرَ الى، يَفتَقِر الى، الافتِقار الى

* على الرغم من أن هذه المنطقة تتمتّع بطبيعة رائعة ومناظر ساحرة فإنها تفتقر الى المنشآت الأساسية التي يتطلّبها أيُّ موقع سياحي.

مُمتاز ؛ التَمييز ← مَيَّزَ ، يُمَيِّز، التَّمييز (عن)

* الشيء الذي يميّز الجامعات الصغيرة هو العلاقة الشخصية التي تنشأ بين الاساتذة والطلاب. والتي من الصعب أن تجدها في الجامعات الكبيرة.

← ميزة ج. -ات

* ميزة الصابون الطبيعي أنه لا يحتوي على أي عطور.

من ناحية .. ومن ناحية اخرى ← ناحية ج. نواحٍ/النَواحي

* سنقوم بمناقشة مسألة السودان وبحثها من كل النواحي التاريخية والدينية والاجتماعية والاقتصادية.

← نَحوَ

* إذا أردتم أن تروا منظراً طبيعياً رائعاً في لبنان فاتّجِهوا نحو الجنوب. حيث يقع مركز سياحي اسمه "استراحة صور" الذي بنتْه وزارة السياحة على البحر الأزرق الجميل.

مِنطَقة ج. مَناطِق ← مَنْطِق

* أخذ العرب علم المنطق عن كتابات الإغريق القدماء التي أثّرت في مختلف مجالات الفلسفة العربية.

وَجه ج. وُجوه ← تَوَجَّهَ إلى ، يَتَوَجَّه إلى، التَّوَجُّه إلى

* في أيام الجامعة كانت إنسانة ليبرالية وقضت عدة سنوات في بلاد الغرب ولكنها بعد رجوعها بدأت تتوجّه نحو الفكر الإسلامي التقليدي.

وحدة ← وَحْدَ (وَحدي، وحدَك، وَحدَها..)

* من الصعب أن يفهم الناس في العالم العربي أنك قد تريد أو تحب أن تجلس وحدك أحياناً. فالوحدة شيء غير مرغوب فيه في الثقافة العربية.

صِفة ج. -ات ←

* من صفات السيرة الذاتية الحديثة أنها تروي قصة حياة كاتبها مركّزةً على النواحي الخاصة أو الشخصية من حياته.

اتَّصَلَ بـ. يَتَّصِل بـ ← تَواصَلَ ، يَتَواصَل ، التَّواصُل (مع)

* لا أعرف كيف يمكننا أن نتواصل إذا لم تتّصلي بي ولم تكتبي لي ولم تفتحي لي الباب!

وَضَعَ، يَضَع ← وَضْع ج. أَوْضاع

* ما زال العراقيون يرجون أن تتحسّن الأوضاع السياسية والمعيشية وتتوفر لهم فرص العيش بسلام.

وقت ج. أوقات ← مُؤَقَّت / مُوَقَّت

* أعلن الرئيس في خطابه أنّ الوجود العسكري الأمريكي في العراق مؤقّت وأنه سينتهي عندما تصبح الحكومة العراقية قادرة على تسيير أمور البلد.

من القاموس

أدّى الى ، يُؤَدّي الى

* الرأي الغالب هو أنّ أي تغيير في نظام الحكم سيؤدّي الى توفير حريات أكثر للشعب. على أنّ هناك رأياً مخالفاً يقول إنّ مثل هذا التغيير سيؤدّي الى مشاكل اقتصادية.

بَسيط ج. بُسَطاء

* يتكلم بعض الأدباء أحياناً عن "الناس البسطاء" الذين يعيشون حياة بسيطة بعيدة عن الهموم والمشاكل. ولكني أظنّ أن هؤلاء الناس يعيشون في خيال الأدباء فقط!

بال

* كلمة "بال" تُستخدم في عدد من التعابير باللغة الدارجة. فنسمع مثلاً "باله طويل" بمعنى he is very patient وطوّل بالك! be patient! وعلى بالي on my mind.

بيئة ج. -ات

* من الضروري زيادة الوعي بالبيئة الطبيعية وكيفية المحافظة عليها بين الناس جميعاً على اختلاف مستوياتهم الثقافية.

بَيَّنَ ، يُبَيِّن ، التَّبْيين (لـ/ أنّ)

* تُبيّن لنا هذه الدراسة التي نشرت أخيراً أنّ البيئة التي ينشأ فيها الطفل تلعب دوراً كبيراً في صحته النفسية عندما يكبر.

بَيان ج. -ات

* أصدرت الحكومة بياناً يقول إنّ رئيس الوزراء نُقل الى المستشفى ليلة أمس. ولكنّ حالته تحسنت ومن المنتظر خروجه غداً صباحاً.

جادَلَ ، يُجادِل. المُجادَلة / الجِدال

* لا تحاولي أن تجادليهم فهم لا يسمعون لأحد سوى قائدهم. وأظنّ أنهم أصبحوا غير قادرين على التفكير بأنفسهم.

جَدَل

* بعد الندوة، دار جدل عنيف بين الاستاذ المحاضر وبعض الحاضرين الذين اختلفوا معه في الرأي.

أجابَ عن/على ، يُجيب عن/على ، الإجابة عن/على

* أريد منكم أن تجيبوا عن كل الأسئلة حتى إذا لم تكونوا متأكّدين من الإجابة.

تَجاوَبَ مع، يَتَجاوَب مع، التَّجاوُب مع

* تجاوب الناس بشكل كبير مع الرواية الأولى التي كتبتها الأديبة الجزائرية أحلام مستغانمي مما ساعدها على تحقيق شهرة واسعة في الساحة الأدبية العربية.

جَواب ج. أجوبة / إجابة ج. -ات (عن)

* شاهدت المقابلة الصحفية مع رئيس البرلمان وأعجبتني الأجوبة التي أعطاها عن أسئلة الصحفيين.

أَحَسَّ بـ ، يُحِسّ بـ ، الإحساس بـ (أنَّ)

* لم أحسّ أنني تعبانة حتى وصلت الى البيت، وساعتئذٍ شعرت أني لم أكن قادرة على عمل أي شيء فنمت ولم أصحُ حتى العاشرة في الصباح التالي!

مَحسوس

* هذا مجرّد كلام وعواطف وعندهم ما يكفيهم منه. ما يحتاجون اليه الآن هو أن نُظهر لهم تأييدَنا بشكل محسوس عبر المساعدات المالية.

حَصَرَ في ، يَحصُر في، الحَصر في

* حصر الجيش المظاهرة في الشوارع الجانبية بحيث لا تصل الى مجلس الشعب.

اِخْتَصَرَ ، يَختَصِر، الاختصار

* كان من المقرَّر أن تستمرّ زيارة الرئيس لباريس ٥ أيام ولكنه اُضطرّ الى أن يختصرَها بسبب أحداث التمرّد في بلاده.

دَفَعَ ، يَدفَع ، الدَّفع (لِـ / إلى)

* دفعته حالة أسرته الفقيرة الى ترك الدراسة وهو في السادسة عشرة من عمره ليبدأ العمل في شركة خاله.

دافِع ج. دَوافِع (لِـ / إلى)

* تقول هذه الباحثة إنّ الدوافع التي أدّت الى انتشار اللغة العربية كانت سياسية واقتصادية في بداية الأمر قبل أن تكون دينية.

دَلَّ على ، يَدُلُّ على ، الدَّلالة على (أنَّ)

* شخصياً، أظنّ أن نظافة الحمّام تدلّ على نظافة المكان سواء كان بيتاً أو مطعماً.

دَليل ج. أدِلّة/ دَلائِل (على)

* قدّم المتخصصون في دراسة البيئة أدلّة مقنعة على أن درجة حرارة الأرض بدأت ترتفع بشكل ملحوظ.

دَوَّنَ ، يُدَوِّن ، التَّدوين

* خلال السنة التي قضيتها في العالم العربي كنت أدوّن أفكاري وانطباعاتي وأحاسيسي عن تجاربي في صورة مذكّرات يومية.

تَرْكيب ج. تَراكيب

* يقول أساتذتُنا إن التراكيب اللغوية العربية ليست صعبة جداً وإنّ المشكلة الكبيرة هي المفردات.

سَعى الى /وراء ، يَسعى الى /وراء، السَّعي الى /وراء

* تسعى مؤسسة "ملون" الى رفع المستوى الثقافي في المجتمع الأمريكي عن طريق توفير منح للجامعات والمراكز الفنّية والمؤسسات الاجتماعية في كل مجالات الحياة العامّة.

أُسْلوب ج. أساليب

* خلال القرن والنصف الماضي تطوّر في الصحافة العربية أسلوبٌ صحفي مميّز أثّرت فيه أساليب الكتابة الصحفية الأوروبية والأمريكية.

ضَمِنَ ، يَضْمَن ، الضَّمان (لِـ ، أنْ)

* أنت تبحثين عن الاستقرار وعن شاب يضمن لك حياة رائعة جميلة، ولكن لا أحد يستطيع أن يضمَن المستقبل.

طائِفة ج. طَوائِف

* في لبنان هناك على الأقلّ ١٧ طائفة رسمية مسجلة وقد تكون هناك طوائف اخرى غير معروفة أو مسجّلة.

مُعجَم ج. مَعاجِم

* كتب علماء اللغة والأدب في القرون الوسطى عدداً ضخماً من المراجع وسمّوها "معاجم" كالمرجع الجغرافي "معجم البلدان" لياقوت والمرجع الأدبي "معجم الأدباء" أيضاً لياقوت، وأول قاموس باللغة العربية وهو "معجم العين" للخليل بن أحمد.

مُعَقَّد

* نجد في التراث الأدبي العالمي أساليب معقّدة في الكتابة الأدبية حققت لمستخدميها شهرة واسعة كأسلوب هيمينغواي في الانكليزية وأسلوب عباس محمود العقاد في العربية مثلاً.

تَعَمَّقَ في، يَتَعَمَّق في، التَّعَمُّق في

* من المعروف أن المجتمعات العربية احتفظت بالكثير من العادات والتقاليد القديمة، ولكن أظنّ أننا، إذا تعمّقنا في دراسة هذا الأمر، فسنجد أنّ هذه التقاليد لا بدّ أن تكون تغيّرت ولو قليلا طوال هذا الزمن الطويل.

عَميق

* هذه الهدية هي مجرد تعبير بسيط ومتواضع عن شكري العميق لاهتمامك بي وتشجيعك لي طوال هذه السنوات.

اسْتَفاد من ، يَسْتَفيد من ، الاسْتِفادة من

* أؤكّد لكم أنني استفدت كثيراً من تجربة الدراسة والعيش في العالم العربي.

قَرْية ج. قُرى

* منذ خمسين عاماً كانت القاهرة مُحاطة بقرى، ولكن المدينة توسّعت ابتداءً من سبعينات القرن الماضي وتحوّلت هذه القرى الى أحياء مدنية فقيرة لا يوجد بها شيء أخضر .

قُطْر ج. أقْطار

* مجلس التعاون الخليجي هو بمثابة جامعة دول عربية صغيرة تضمّ الأقطار العربية في منطقة الخليج.

قَوِيّ ج. أقْوِياء

* يلاّ يا شباب! نحن بحاجة الى أشخاص أقوياء لنقل هذه البضائع من السيارة الى الدكّان! من فضلكم ساعدونا!

لَفَظَ ، يَلْفظ ، اللَفْظ

* هناك بعض الاختلافات في لفظ صوت القاف في العاميات العربية. فبعض الجماعات تلفظه "ق" واخرى تلفظه "g" واخرى "ء". وفي بعض المناطق الفلسطينية يلفظونه "ك".

لَهْجة ج. لَهَجات

* اعتاد الباحثون أن يسمّوا اللهجات العربية بأسماء الدول . كاللهجة المغربية واللهجة الجزائرية وغير ذلك. ولكن الحدود السياسية لا توافق دائماً الحدود اللغوية .

أمسَكَ بـ ، يُمسِك بـ ، الإمساك بـ

* أمسك الأب بيد ابنته الصغيرة وذهب بها الى المدرسة.

تَمَسَّكَ بـ ، يَتَمَسَّك بـ ، التَّمَسُّك بـ

* حاولت أن أغيّر رأيه وقدّمت له كل أنواع الأدلّة ولكنه ما زال يتمسك بموقفه.

تَماسَكَ ، يَتَماسَك ، التَّماسُك

* دعا الرئيس العراقي الجديد الشعب العراقي على اختلاف طوائفه وطبقاته الى الاتّحاد والتماسك لبناء وطن يتساوى فيه الجميع.

مَيْدان ج. مَيادين

* مع أنّ العمل في ميدان الطب أصبح صعباً، فإنّ عدداً كبيراً من الشباب ما زالوا يقبلون عليه.

تمرين ١ **المفردات الجديدة**

أ		ب	
١- يتطلّب	٧- طوائف	١٢- محدودة	١٨- أجاب عن/على
٢- بيّنت	٨- ميادين	١٣- من غير	١٩- وحدي
٣- دوّنته	٩- الأقطار	١٤- مؤقّت	٢٠- خالفوا
٤- يسعى الى/وراء	١٠- الأوضاع	١٥- معقّدة	٢١- محلّية
٥- بسيط	١١- فرق	١٦- العمليّة	٢٢- يجوز
٦- اللهجة/الدارجة		١٧- ازداد	

تمرين ٢ **المفردات الجديدة**

١- د . الأساس	٥- أ . تحوّل الى	٩- د . الطوائف	١٣- جـ . يدلّ على
٢- ب . جدل	٦- د . الوضع	١٠- أ . اختصارًا	١٤- د . أسلوب
٣- أ . حدود	٧- أ . الجاليات	١١- ب . يخاطب	١٥- جـ . ميزة
٤- د . أدّت الى	٨- ب . أتساءل عن	١٢- ب . الدافع	١٦- أ . الامور

تمرين ٣	المفردات الجديدة + أوزان الفعل		
١ـ حوّلته	٥ـ يتبيّن	٩ـ تتميّز	١٣ـ تنحصر
٢ـ تُبسِّط	٦ـ تُوجِّهوا	١٠ـ التخاطُب	
٣ـ يتعرّب/يُعرّب	٧ـ سهّلت/تسهّل، عقّدتها/تعقّدها	١١ـ يُفيد	
٤ـ تأثّرتُ	٨ـ توحّد	١٢ـ ستقوّي	

تمرين ٤	المفردات الجديدة		
١ـ طقس معتدل	٤ـ شخص قويّ	٧ـ انسان سليم	١٠ـ تطوُّر محدود
٢ـ خمر محلّي	٥ـ سياسي معتدل	٨ـ كلام فصيح	١١ـ بريد سريع
٣ـ شعر معقّد	٦ـ محيط عميق	٩ـ شيء عمليّ	١٢ـ جواز سفر مؤقّت

تمرين ٦	المفردات الجديدة:		
١ـ يجوز	٥ـ تراكيب	٩ـ التعميم	١٣ـ يجيب
٢ـ جماعة	٦ـ ضمان	١٠ـ نطقه	١٤ـ يحصر
٣ـ البيئة	٧ـ التواصل	١١ـ التفاصيل	
٤ـ المنطق	٨ـ يتحوّل	١٢ـ يتمسّك/متمسكاً	

تمرين ١٠	نشاط استماع:	القوميّة العربيّة

واحدة من أبرز الحركات الفكرية والسياسية التي تركت أثراً بارزاً في تاريخ الفكر العربي الحديث والتي ما زالت الى وقتنا الحاضر تمثل جانباً هاماً من الخطاب السياسي العربي المعاصر.

وعلى الرغم من تضارب الآراء حول تاريخ حركة القومية العربية وكيفية تكونها عبر التاريخ فمن الواضح انها بدأت تظهر كحركة فكرية وسياسية واضحة التوجهات والأهداف في بدايات القرن العشرين وارتبطت بكفاح العرب للاستقلال عن الدولة العثمانية وإنشاء دولة عربية خاصة بهم. وفي فترة ما بعد الحرب العالمية الثانية ازدادت الحركة اتساعاً وقوة واصبحت من العناصر الأكثر تأثيراً في الفكر العربي. وساعدها في ذلك عدة عوامل في مقدمتها حركة التحرر الوطني في عدد من الأقطار العربية التي تميزت بالصراع ضد الاستعمار وكذلك القضية الفلسطينية التي تحوّلت الى قضية قومية عربية. وساعد الحركة على الانتشار ظهور عدد من المفكرين القوميين كميشيل عفلق وصلاح الدين البيطار وساطع الحصري الذين سعوا الى تطوير الجوانب النظرية لفكرة القومية . وقد بلغت الحركة القومية أقصى درجات تطورها في الخمسينات والستينات مع ظهور الرئيس جمال عبد الناصر الذي لقب بـ«بطل القومية العربية» وكذلك وصول حزب البعث الى السلطة في كل من سوريا والعراق. وفي عام ١٩٥٨ جرت اول محاولة عملية لتطبيق فكرة الوحدة عن طريق انشاء الجمهورية العربية المتحدة، ولكن الخلافات بين المسؤولين المصريين والسوريين ادت الى فشل هذه المحاولة.

وقد تعرضت الحركة القومية خلال السنوات الثلاثين الأخيرة الى أزمات عديدة ادت الى اضعافها ومن هذه الأزمات هزيمة ١٩٦٧ ثم وفاة عبد الناصر وحرب الخليج عام ١٩٩٠ وما تبعها من انقسامات عربية وأخيراً الحركات الاسلامية التي تنادي بالاسلام أساساً لأي تنظيم فكري او سياسي. وقد يجوز لنا القول بان فكرة القومية اليوم موجودة على المستوى الشعوري بين العرب لا على المستوى السياسي اذ لا يرى الكثيرون في الوحدة السياسية حلا عمليا وإن كان هناك حوار حول امكانية تحويلها الى وحدة اقتصادية بشكل يشبه ما نراه الآن بين الدول الأوروبية .

تمرين ١٦ **"لا" النافية للجنس**

١- لا فرقَ في المعنى.
٢- لا صعوبةَ في فهم الجملة.
٣- لا صوتَ أجمل من صوتك!
٤- لا رغبةَ عندي.
٥- لا أحدَ منا.
٦- لا حياةَ على القمر.

تمرين ٢٢ **الفعل الأجوف**

١- صرتُ
٢- تعيشَ
٣- نستطيعُ
٤- أن أستريحَ / الاستراحة
٥- يُثيرُها
٦- اعتَدنا
٧- أستطِعْ ، أن أجيبَ /الإجابة
٨- يجوز
٩- اختيار/ أن أختارَ
١٠- يستفيدوا
١١- أقَمنا
١٢- تدوين/ أن أدوّن
١٣- أردنا ، نبيتُ
١٤- تكُن ، تمييز/أن تُميِّزَ

تمرين ٢٤ **الفعل الأجوف**

ب ـ ٦- أحوَلُ ٧- طالتَ ، أطالَ ٨- تمتاز ٩- صائمة

تمرين ٢٦ **نشاط استماع: حول اللهجات العربية من الـ BBC .**

٦- «التي أصبحت مقصورة على الكنيسة وبعض الأسر المسيحية المحافظة على التمسّك بها . ثم أتيح لهذه العامية المصرية المزيد من التفاعل والاحتكاك والثراء والغنى من خلال لغات أجنبية كثيرة وافدة على مصر.»

تمرين ٢٨ **نشاط استماع: تعليم اللغة العربية لأبناء المهاجرين العرب من "مراسلو الجزيرة"**

ب ـ ١- «يسعى العرب والمسلمون الآن عموماً ممّن هاجروا الى اوروبا للمحافظة على ثقافتهم من خلال الحفاظ على ترابط أسرهم قدر الإمكان بالإضافة الى عاداتهم وتقاليدهم وبالتالي لغتهم.»

٢- «أمّي وأبي يا قمرَين نورُ القلب ونور العَين لكما مني ألفُ تحية كلَّ صباح كلَّ عشية»

٣- «عدد المهاجرين الى أوروبا من العرب والمسلمين أصبح كبيراً الى درجة يستحيل معها اعتمادهم على دعم أوطانهم الأصلية في تربية وتعليم أبنائهم. وبات على الجاليات المهاجرة أن تقوم بهذه المهمة بالاعتماد على إمكانياتها الذاتية وبالاستفادة من حقوقها التي تضمنها لها قوانين دول المهجر.»

العامية

"عايزة سلامتك!"

الجدة: انت خارج يا خالد؟ الله! انتو خارجين يا ولاد؟
خالد: ايوه يا حاجّة، خارج شوية مع اصحابي، ومها استأذنت تيجي معايا. مش عايزة حاجة واحنا راجعين؟
الجدة: عايزة سلامتك يا حبيبي – خد بالك من بنت عمك! ما تتأخّروش يا ولاد.
مها: انت واصحابك بتتقابلوا كثير؟
خالد: آه طبعا بنشوف بعض دايماً .. وانتي؟
مها: آه بشوف زمايلي في الجامعة.
خالد: قصدي ليكي اصحاب بتخرجي معاهم؟
مها: احياناً .. باخرج مع واحدة صاحبتي اسمها ليلى، وهي أقرب صديقة ليّ.
خالد: مصرية ؟
مها: لا أمريكية، بس باباها تونسي.
خالد: بتتكلم عربي؟
مها: بتعرف شوية بس عامية تونسية.
خالد: اتفضلّي.
مها: شكراً.

❁ الدرس العاشر ❁

تذكّروا وتعلّموا :

أهل ج. أهالٍ/الأهالي ← مؤهِّلات

* **يذكر الإعلان أنّ المؤهلات المطلوبة للوظيفة هي ماجستير في إدارة الأعمال وثلاث سنوات خبرة على الأقلّ.**

يَبدو أنّ ← بَدا ، يَبدو

* **بدت إجابته غير منطقية في البداية، ولكن بعد أن فكّرت فيها قليلاً بدأت أفهم ما كان يقصده.**

بَلَغَ، يَبلُغ ، البُلوغ (أنّ) ← أبْلَغَ، يُبلِغ، الإبلاغ (ب/أنّ)

* **أرجو أن تبلغوا كل زملائكم الغائبين أن الامتحان سيضمّ كل المفردات والقواعد التي درسناها حتى الآن.**

جَميل ← مُجامَلة ج. -ات

* **قالت لي زميلاتي إن ثيابي في حفل الزفاف كانت الأجمل لكني أظن أن هذه مجرد مجاملة لطيفة منهن!**

حَدَّدَ، يُحَدِّد، التَّحديد ← حادّ (المصدر: الحِدّة)

* **تحوّل الحوار بين ممثلي المعارضة الى مناقشة حادّة حين عبّر أحد المشاركين عن رأيه المؤيد لموقف الحكومة.**

أحسن؛ حَسَن ← أحْسَنَ، يُحسِن، الإحسان

* **من الأمور التي لا أحبها ولا أحسنها مخاطبة عدد كبير من الناس، لأني أول ما أرى هذا البحر من الوجوه أمامي، أشعر أني أفقد قدرتي على الكلام.**

مَحَلّ؛ احتَلّ، يَحتَلّ ← حَلّ ، يَحُلّ ، الحَلّ

* **لا أضمن لكَ أني أستطيع أن أحلّ المشكلة وأخلّصك من الوضع المعقّد الذي أنت فيه، ولكني سأحاول.**

← حَلّ ج. حُلول

* **الآن، بعد أن قبلتُ الوظيفة، تواجهنا عدة مشاكل تحتاج الى حلول سريعة، منها مسألة السكن ومسألة إيجاد مدرسة جيدة للأولاد، ومسألة البحث عن وظيفة لك، فضلاً عن صعوبة الانتقال الى بيئة عمل جديدة.**

خاصّ ← خاصّ بـ

* **ما أثار إعجابي خلال زيارتنا لتلك المدرسة الابتدائية أنك ترى في كل صف ركناً خاصّاً بنشاطات الرسم والتلوين.**

خُطِبَت لـ ← خُطوبة

* **أحب أن أدعوكم الى حفلة خطوبتي التي ستقام ليلة الخميس المقبل في منزل العائلة وأتمنى حضوركم.**

دَخَلَ، يَدخُل، الدُّخول (إلى) ← دَخْل

* **يُضطرّ ناس كثيرون في البلاد الفقيرة أن يشتغلوا في وظيفتين أو ثلاث حتى يوفروا لأسرهم الدخل الكافي.**

دَخَّنَ، يُدَخِّن، التَّدخين ← دُخان

* **لا بدّ أن نغيّر أسلوب حياتنا إذا أردنا أن نترك لأولادنا شيئا من الجمال الطبيعي في هذه الدنيا. فالبيئة لا**

تتحمّل هذه الكميات الضخمة من الدخان التي تخرج من المصانع والسيارات.

رَئيس ج. رُؤَساء ← رَأسَ، يَرْأَس، الرِّئاسة

★ ستغيب رئيسة القسم أسبوعاً كاملاً، ولذلك طلبت مني أن أرأس الاجتماع في غيابها.

الإسلام ؛ مُسلِم ← اِسْتَسْلَمَ، يَستَسلِم، الاِستِسلام (لِـ)

★ سهرت حتى ساعة متأخرة جداً بهدف الفراغ من كتابة البحث، وعندما أكملته، استسلمت للنوم.

سَنة ج. سنوات ← ج. سِنون / سِنين

★ ماتت طفلتهم قبل أن يبلغ عمرها عشر سنين، الله يرحمها.

أشرَفَ على، يُشرِف على ← شَرَف

★ أريد أن أعبّر لكم عن شكري العميق لمنحي هذه الجائزة التي أعتبرها شرفاً كبيراً لي ولكل زملائي العاملين في مجال الصحة العامة.

ضَيْف، ضُيوف؛ اِستَضافَ ← الضِّيافة

★ أمر ملك السعودية ببناء قصر جديد للضيافة ينزل فيه الزوّار والضيوف المتميّزون الذين يقومون بزيارة المملكة.

طلَّقَ، يُطَلِّق، الطَّلاق ← أطلَقَ ، يُطلِق ، الإطلاق

★ ظلّت الطفلة ساكتة وقتاً طويلاً، ثم أطلقت صوتاً قوياً جعل جميع الجالسين حولها يضحكون!

فَتاة ج. فَتَيات ← فَتى ج. فِتيان

★ في الحفلات العربية الامريكية يتعارف الفتيان والفتيات ويتمنّى آباؤهم وأمهاتُهم أن يجدوا العروس أو العريس المناسب!

الفُصحى؛ الفَصاحة؛ فَصيح ← أفصَحَ عن، يُفصِح عن، الإفصاح عن

★ انتهز أمير الكويت فرصة ظهوره أمام مجلس الأمة للإفصاح عن رغبته في أن يتمّ تعديل الدستور بهدف إعطاء المرأة الكويتية حق المشاركة في العمل السياسي.

فِعل ← فِعليّ

★ تقول الورقة إن الرحلة ستستمرّ خمس ساعات، ولكن فرق التوقيت بين الرباط وأمستردام ساعتان، ولذلك فالزمن الفعلي الذي نقضيه في الطائرة لا يزيد عن ثلاث ساعات.

فُلوس ← فِلْس ج. -ات

★ لم يبق من كل الأموال التي سافرت بها سوى فلسات!!

تقدير ← قَدَّرَ ، يُقَدِّر، التَّقدير

★ نقدّم لك هذه الجائزة تعبيراً عن شكرنا وتقديرنا لكل ما قدّمتَه للمؤسسة من خدمات.

★ قدّرت الحكومة عدد الأشخاص الذين دخلوا البلاد بشكل غير شرعي السنة الماضية بأكثر من ثلاثين ألف شخص.

قَطَعَ ؛ انقَطَعَ ← قاطَعَ ، يُقاطِع، المُقاطَعة

★ أرجو ألاّ تقاطعني عندما أتكلم! انتظر حتى أكمل كلامي من فضلك!

الشَرق الأوسَط؛ مُتَوَسِّط ← وَسَط / وَسْطَ

★ هل أنتِ من الناس الذين يفضّلون الإقامة في وسط المدينة أم في الريف بعيداً عن الضجة والازدحام؟

من القاموس

(لا/لم/لن/ليس) .. أبَدًا

* **لا تعجبني الأفلام العنيفة أبداً.**

* **لم يدخّن في حياته ولم يشرب الخمر أبداً.**

بَكى ، يَبْكي ، البُكاء (على)

* **لا تبكي! صحيح أن الدكتور قال إن حالتها خطيرة ولكنها ستُشفى إن شاء الله وتتحسن صحتها وتخرج من المستشفى.**

جَدْوَل ج. جَداوِل

* **ستجد في الجرائد الرسمية جداول بأوقات الطائرات والأتوبيسات والقطارات من وإلى كل المدن الرئيسية في البلد.**

جدول أعمال

* **أهلا وسهلا بكم جميعاً الى اجتماعنا الأول لهذه السنة. على رأس جدول أعمالنا لهذا الاجتماع تقديم الأعضاء الجدد والترحيب بهم الى النادي .**

جَدْوى

* **ما جدوى أن نبكي على الماضي؟ من الأفضل لنا أن نفكّر في المستقبل.**

جيل ج. أجْيال

* **الصراع بين الأجيال ظاهرة منتشرة في كل المجتمعات فكل جيل يختلف مع الجيل الذي سبقه في طرق التفكير وأساليب الحياة.**

حَسَمَ ، يَحْسِم ، الحَسْم

* **إلى أين أنتم ذاهبون؟! لن يخرج أحد من هنا قبل أن نحسم الموضوع ونتّفق على كل التفاصيل.**

حَظّ

* **لم أحصل على الوظيفة التي كنت أريدها-- معلهش! ليس لي حظّ!**

حَفيد ج. أحْفاد

* **تحب الجدة أن تحكي قصصاً لأحفادها.**

حَفيدة ج. -ات

* **الله يرحمها! كانت العلاقة بين الجدة وحفيدتها قوية جداً لدرجة أنهما كانتا تتحدثان كل يوم بالتليفون.**

حَماة ج. حَمَوات

* **حماتي ليست كهؤلاء الحموات اللواتي تسمعون عنهن أبداً -- إنها إنسانة رائعة. تحبنا وتهتمّ بنا ولكن بدون أن تتدخل في أمورنا الخاصة.**

حَمٌ (حَمو)

* **في العامية نقول عن والد الزوجة "حمايَ" أو "عمّي" .**

خَطَأ ج. أخْطاء

* **الأخطاء اللغوية شيء لا بدّ منه في تعلم أي لغة جديدة. ويمكننا أن نستفيد منها في تطوير قدراتِنا اللغوية.**

رَسَبَ في ، يَرْسُبُ في ، الرُسوب في

* إذا رسبت في الامتحان فاذهب وتكلّم مع الاستاذة، واسألها كيف يمكنك أن تحسّن طريقتك في الدراسة.

سُخْرِيّة

* تجد السخرية في الأدب العربي في المسرح بشكل خاص، حيث يتفاعل الممثلون مع المشاهدين ويعبّرون أحياناً عن آراء سياسية أو يسخرون من بعض الظواهر الاجتماعية.

ساخِر ج. -ون

* أرجو أن تتوقفي عن مخاطبتي بهذا الأسلوب الساخر الذي يدل على عدم الاحترام والتقدير.

ساءَ ، يَسوء ، السّوء

* المئات يموتون من الجوع والوضع يسوء يوماً بعد يوم-المؤسسات الخيرية تفعل ما تستطيع ولكنها بحاجة الى المساعدة من المجتمع الدولي أيضاً.

أساءَ إلى، يُسيء إلى، الإساءة إلى

* لماذا تظنين أن الشركة أساءت اليكِ حين فصلتك من العمل؟ هذا شيء عادي. إذا أردت وظيفة مضمونة فاشتغلي في الحكومة!

سَيِّء ج. -ون

* الأخبار يمكن أن تؤثّر على الأطفال تأثيراً سيئاً وتسبب لهم صدمات نفسية إذا كان فيها قدر كبير من العنف.

مَشورة

* جئت اليك طالباً مشورتك في موضوع مهم جداً، وهو اختيار الميدان الذي سأتخصص فيه.

أصَرَّ على، يُصِرّ على، الإصرار على

* إذا كنت مصرّة على الإكثار من التدخين بهذا الشكل فأرجو ألاّ تدخني قريباً مني أو داخل البيت.

ضاعَ يَضيع، الضَّياع

* يه! ضاع مني التليفون مرة اخرى - زوجتي ستقتلني، فهذه ثالث مرة يضيع مني هذا الشهر!

طارِئ ج. طَوارِئ

* تستخدم بعض الحكومات قوانين "حالة الطوارئ" لإسكات أصوات المعارضة وحصر حركتها.

طَرَف ج. أطْراف

* في كل صراع هناك طرفان - على الأقل - ولكل طرف موقفه ووجهة نظره، وإذا أردت أن تعمل في المجال الدولي فيجب أن تسعى دائماً الى التواصل مع كل أطراف الصراع.

اِسْتَطلَعَ ، يَستَطلِع، الاِستِطلاع (رأياً)

* يبيّن استطلاع الرأي الجديد الذي قامت به إحدى المنظمات الدولية أن معظم الفلسطينيين والاسرائيليين يرحبون بما يسمّى بحلّ الدولتين: اسرائيل وفلسطين.

مَعْرَكة ج. مَعارِك

* مشاركة المرأة في المعارك العسكرية لم تكن فكرة سهلة بالنسبة للجيل القديم، ولكن معظم الشباب لا يرون أي مشكلة في هذا الموضوع.

عاصِفة ج. عَواصِف

* يبدو أنّ العاصفة الثلجية مقبلة علينا الليلة، وقد تؤدّي الى انقطاع الطرق وانحصارنا في منازلنا.

عَكْس

* في "قانون مورفي" تحدث كل الأمور عكسَ ما نريده ونتمنّاه.

بالعكس ، على العكس (من)

* كيف تقولين إن شغلك لا يعجبني؟! بالعكس، أحبّ شغلك كثيراً وقد عبّرت لك عن هذا أكثر من مرة!

اعْتَمَدَ على ، يَعتَمِد على ، الاعتِماد على

* مشاريعي للمستقبل تعتمد على حصولي على منحة للسنة القادمة: إذا حصلت على منحة فسأسافر وإن لم يحدث ذلك، فسأبقى هنا وأعمل.

عَيْب ج. عُيوب

* السيارة التي استأجرتها للرحلة فيها بعض العيوب الصغيرة ولكنها في حالة جيدة عموماً، وهي رخيصة!

غادَرَ ، يُغادِر ، المُغادَرة

* أصبح من الواجب عليك كمسافر أن تغادر الطائرة في كل مطار تتوقف فيه ولا يجوز لك الآن أن تبقى جالساً في مقعدك بعد مغادرة الناس الطائرة لأن هذا يخالف القوانين الجديدة.

فَرَح ج. أفراح

* من المهم جداً أن تطعّم حياتك بشيء من الفرح، أفهم أن هذا صعب الآن بعد وفاة زوجتك ولكن تذكر دائماً أنها كانت سترغب في أن تشارك الآخرين أفراحهم كما كنتما تفعلان في الماضي.

فَرْحة

* أحسسنا بفرحة كبيرة حين سمعنا بإعلان وقف الحرب والاتفاق على السلام.

فَرَضَ على ، يَفْرِض على ، الفَرْض على

* أنت حماتي وأنا أحبك وأحترمك وأقدرك، ولكن لن أسمح لك أن تفرضي آراءك علينا - نحن ناضجان وقادران على اتّخاذ قراراتنا وحدنا!

كَرَّرَ ، يُكَرِّر ، التَّكرار

* إذا وجدت نفسك مضطرة الى أن تكرّري ما تقولينه لأطفالك عدة مرات فيجب أن تتساءلي: لماذا لا يسمعونني من أول مرة؟

كادَ ، يَكاد

* كدت أقع على الأرض لولا أنها أمسكت بيدي!

لا يَكاد

* جدي لا يكاد يرى أي شيء الآن، يمكنه فقط أن يميّز بعض الأشكال والألوان.

مَيْل ج. مُيول (إلى)

* واضح أن ميولها فنية أكثر منها علمية، ولذلك قررت الالتحاق بكلية الفنون الجميلة، على الرغم من معارضة والديها.

أَنْقَذَ ، يُنقِذ ، الإنقاذ (من)

* في القصة التي قرأناها من ألف ليلة وليلة، هل تتذكّرون من الذي أنقذ التاجر من الجني الذي أراد أن

يقتله؟

هَمَسَ ، يَهْمِس ، الهَمْس

* دخل أحد مساعدي الرئيس الصالة وهمس بعض الكلمات في أذن الرئيس فأوقف خطابه وأعلن أنه مضطرّ للمغادرة بسبب أمر طارئ.

دَعْ (دَعي ، دَعوا)

* دعني أمرّ من فضلك!

* دعيها تختار الشيء الذي تريده من غير أن تؤثّري عليها.

* دعونا نحاول أن نفكّر في حلّ عملي لمشكلتنا.

اِتَّهَمَ بـ ، يَتَّهِم بـ ، الاتِّهام بـ

* اتّهمتها الحكومة بالخيانة قائلة إنها أعطت معلومات عن المراكز العسكرية للعدو.

تُهمة ج. تُهَم

* التهمة التي وجّهتموها لي لا أساس لها من الصحة. فأنا لم أخالف القانون أبداً!

تمرين ١ المفردات الجديدة

١- د - المؤهلات
٢- ب - مجاملة
٣- جـ - ساخرة
٤- أ - جدوى
٥- جـ - عاصفة
٦- ب - شرفا
٧- ب - تشجّع
٨- أ - عيب
٩- ب - الحسم
١٠- أ - تضيعون

تمرين ٢ المفردات الجديدة

١- دخلها
٢- تقديراً
٣- جدول أعمال
٤- الأطراف
٥- معارك
٦- تعتمد على
٧- الدخان
٨- الطوارئ
٩- اتّهمت
١٠- فرض
١١- الأجيال
١٢- للضيافة
١٣- دَعْ
١٤- الاستسلام
١٥- كاد ، إنقاذ
١٦- بدا

تمرين ٤ المفرات الجديدة وأوزان الفعل

١- يوقِفوا
٢- تشاورتْ مع / استشارت
٣- يُسيء
٤- أفرحَتْني
٥- ضيّعت / أضَعت
٦ تُحسِّنوا
٧- تقاطُع
٨- تحدَّدت

تمرين ٥ توسيع المفردات

١- استطلاع رأي / للرأي
٢- حَلَلتُ المشكلة
٣- الاعتماد على النفس
٤- المُتَّهَم
٥- عدم التقدير
٦- أبكى / بكّى
٧- المُضيف والمُضيفة
٨- ضيف الشرف
٩- ضِعت / أصبحت ضائعاً / ضائعة
١٠- هم مُصِرّون على / يصرّون على

تمرين ١١ **نشاط كتابة**

يشهد الوطن العربي منذ فترة غير قصيرة تحوّلات مهمة امتدت الى مختلف مجالات الحياة ومظاهرها وتركت أثرا واضحا في المؤسسات الاجتماعية خصوصا. والأسرة هي احدى المؤسسات التي اصبحت ميدانا لبروز الظواهر الجديدة وانتشارها .

لقد أخذت سلطة الاب في الأسرة تتراجع، وكذلك انتشرت روح التمرد على الأسرة بين الأبناء وبدأت تضعف صلاتهم بأفراد العائلة الآخرين كالأعمام والأخوال وغيرهم. وبالإضافة الى ذلك خرجت المرأة الى سوق العمل، فـغيّرت بذلك صورتها التقليدية كـ «سيدة بيت»، وبدأت تشارك في تحمّل تكاليف معيشة الأسرة من دخلها الشخصي من العمل ، فضربت بذلك نظرية اعتمادها على الرجل. كما أنّ المرأة بدأت تناقش زوجها في مختلف القضايا والمواضيع التي تؤثر على حياتهما المشتركة .

وكذلك/بالإضافة الى ذلك/هذا أصبح الحب ـ والعاطفة يشكلان الأساس الذي يقوم عليه الزواج بعدما ظلّ لوقت طويل قائماً على الترتيبات و/أو الرغبات العائلية لذا/فقلّت نسبة الزواج من أبناء الأعمام ـ وازدادت نسبة الزواج المختلط . وكذلك/وبالإضافة الى ذلك فقد أدت الأوضاع الاقتصادية الى تأخير سن الزواج بشكل ملحوظ وخاصةً في المدن، فبينما كان الشاب في الماضي يقبل على الزواج في سن السابعة عشرة أو الثامنة عشرة صرنا نجده اليوم غير قادر على الزواج قبل سن الرابعة والعشرين على الأقل. وكذلك/بالإضافة الى ذلك ازدادت حالات الطلاق بين الأزواج وأصبحت الخلافات بينهم بيّنة ظاهرة للآخرين بعد ان كانت تبقى محصورة في نطاق ضيق .

وفوق هذا كله/ومن جهة اخرى بدأت علاقات جديدة كالمساواة والديمقراطية والحوار تحاول فرض نفسها على العلاقة بين مختلف أعضاء الأسرة .

أمام هذه التغيرات التي أصابت مؤسسة الأسرة في بنيتها وشكلها وحجمها ومشاكلها ظهرت كتابات كثيرة حاولت ان تتناول هذه القضايا والأمور ـ وتعالجها .

والحقيقة ان الدارس لأوضاع الأسرة العربية بشكل عام ، يجد ان الدراسات التي تتناول الأسرة العربية متأثرة الى حد بعيد بالقوانين ـ والتنظيمات الاسلامية . لذا/ولذلك فـقد لجأ معظم هذه الدراسات الى الدين ليظهر خطأ التطور الذي تعرضت له الأسرة وكذلك ليبين ان ما أدى الى هذا كله هو ابتعاد المسلمين عن الدين في حياتهم.

ومن جهة اخرى يلاحظ الدارس قلة عدد الأبحاث التي قام بها علماء الاجتماع وعلماء النفس الاجتماعيون والانثروبولوجيون العرب في هذا المجال. ومثل هذه الدراسات، اذا توفرت، يمكنها ان تساعد على بلوغ فهم أعمق وأشمل للتحولات التي تعرضت لها الأسرة العربية .

لذا/لذلك فإننا نقدم هذا الكتاب كمحاولة متواضعة منا لرفع مستوى الوعي الاجتماعي للأسباب الحقيقية التي أدت الى حدوث هذه التحولات .

تمرين ١٧ **تصريف الفعل الناقص**

١. أعطَوني ، يعطوها	٤. يشتروا ، قضَوا	٧. تتمنى /تمنّت	١٠. تمشيَ
٢. يبكون	٥. يتساوى	٨. انتهيتم ، ننته	١١. تدعوَ
٣. بقيتُ ، انتهيْتُ	٦. تنسى ، تناديني	٩. يسلّيني	١٢. دعَوني ، دعوتُهم

تمرين ٢١ نشاط استماع الزواج والطلاق في المجتمعات العربية

انّ الذي يبحث في الدين الاسلامي حول موضوع كتعدد الزوجات مثلا يرى ان آراء علماء الدين اختلفت اختلافا عظيما ، فريق من هؤلاء يرى ان الدين الاسلامي يمنع تعدد الزوجات، ويستند في ذلك الى ما جاء بالقرآن في سورة النساء «فانكحوا ما طاب لكم من النساء مثنى وثلاث ورباع فان خفتم الا تعدلوا فواحدة» ويقول هؤلاء ان هذه الآية تحرم تعدد الزوجات لانها تشترط العدل بين الزوجات وهو شرط يستحيل على الرجل تحقيقه لان معنى التعدد هو التفضيل، تفضيل الزوجة اللاحقة على الزوجة السابقة، ويكفي هذا التفضيل انه جعل العدل مستحيلا على اي رجل.

وهناك علماء في الدين الاسلامي يرون ان الطلاق في الاسلام ليس حقا مطلقا للزوج كما هو في قوانين معظم البلاد العربية ومنها مصر، وانه لا بد ان يرجع الزوج الى القاضي.

وفي ضوء ما سبق يعتبر قانون الزواج والطلاق المصري من اكثر القوانين تخلفا في البلاد العربية واكثرها ظلما للمرأة، هذا القانون الذي صدر في سنة ١٩٢٩، اي مضى عليه حوالي نصف قرن وما زال يتحكم في مصائر النساء .

ولعل أعجب شيء في قانون الزواج والطلاق في مصر وعدد من البلاد العربية هو ذلك الذي سمي «بيت الطاعة» وتلك الصفة التي تطلق على الزوجة احيانا وهي «النشوز».

ان قانون الزواج والطلاق في مجتمعنا العربي ليس الا احد بقايا قوانين الاقطاع الابوية التي تجعل الزوجة كقطعة ارض يمتلكها الرجل ملكية تامة ويفعل بها ما يشاء. ولست اظن ان الزوجة العربية يمكن لها ان تتساوى مع الرجل في حق الطلاق ما دام المجتمع العربي طبقيا ابويا. ان مؤسسة الطلاق هي احدى المؤسسات اللازمة لنشوء هذا المجتمع الطبقي الأبوي واستمراره.

تمرين ٢٤ نشاط استماع: "مشاهد من عرس عماني" من "مراسلو الجزيرة"

٦- «وسواء قام هذا الزواج نتيجة حب أو عن طريق الأسرة أو غيرها فالكلّ يسعى الى إتمامه بسرعة رغم أنّ استعداداته وأعباءه كثيرة وقد تكون معقّدة بعض الشيء»

تمرين ٢٥ نشاط استماع: "الحنّاء والعرس السوداني" من "مراسلو الجزيرة"

٥- «وصاحبت ذلك هجرة الحنّانات السودانيات وإقبال متزايد على الحنّة السودانية حتى من نجمات السينما العربية.»

العامية

"ليكي بوي فرند؟"

خالد : طبعًا في امريكا البنت ممكن يكون لها صاحب .. boyfriend يعني .

مها : دا سؤال؟ لا ماليش صاحب .. boyfriend يعني .. وانت ، ليك صاحبة أو صديقة ؟

خالد : لا .. لي زميلات طبعا في الجامعة .

مها : يعني ممكن تخرج مع واحدة من زميلاتك ؟

خالد : لا، في مصر صعب البنت تخرج مع شاب لوحدها إلا إذا كان خطيبها أو كانوا بيحبوا بعض مثلاً.

مها : او إذا كان ابن عمها.

خالد: او إذا كان ابن عمها.

مها: وانت – ليك واحدة بتخرج معاها لوحدها؟

خالد : بصراحة مرة واحدة. كنا زمايل في الجامعة، وبعدين حصل استلطاف بيننا .

مها : كنت بتحبها؟

خالد : مش للدرجة دي – كنت معجب بها.

مها : وبعدين ؟

خالد : وبعدين خرجنا كام مرة مع بعض .

مها : وبعدين ؟

خالد : وبعدين اتخطبت لمهندس بيشتغل في السعودية . يعني معاه فلوس. وسافرت.

مها: خالد .. أنا آسفة.

خالد: ياه! احنا اتأخرنا قوي.